Sonderband 9

Marine-Arsenal

MARINE-ARSENAL

Die ARK ROYAL (hier in den 30er Jahren als PEGASUS) war die "Urahne" der britischen Flugzeugmutterschiffe.

FLUGZEUGKREUZER FLUGZEUGMUTTERSCHIFFE FLUGZEUGTENDER bis 1945

Siegfried Breyer

PODZUN-PALLAS-VERLAG • 61200 Wölfersheim/Berstadt

Literaturhinweise

Bagnasco, La Portaerei nella Marina Italia, Rom 1989
Bekker, Flugzeugträger, Oldenburg 1962
Bertrand. La Marine Francaise 1939 - 1940, La Tour-du-Pin 1984
Breyer, Schlachtschiffe und Schlachtkreuzer 1905 - 1970, München 1970
Breyer, Flugzeugträger Graf Zeppelin, "Marine-Arsenal" Band 4, Friedberg 1988
Chesneau, The World Aircraft Carriers 1914 - 1915, London 1986
Chesneau, Aircraft Carriers of the World, London 1986
Conway`s All the World Fighting Ships 1922 - 1946, London 1980
Conhat, French Warships of World War II, Shepperton 1971
Dousset, Les Porte-Avions francaises des origines (1911) a nos jours, Brest-Paris 1978
Fraccaroli, Italian Warships of World War II, Shepperton 1968
Friedman, U.S. Aircraft Carrier Aviation, London 1988
Friedman, British Carrier Aviation, London 1988
Fukui, Pictorial: Fighting Ships of the Imperial Japanese Navy, Japan 1970
Hadeler, Flugzeugschiffe, München 1939
Hadeler, Der Flugzeugträger, München 1968
Layman, Before the Carriers, London 1989
Mau, Scurell, Flugzeugträger - Trägerflugzeuge, Berlin 1991 van Münching, Vliegkampschepen, Alkmaar 1962
National Maritime Museum, Flying in the Royal Navy 1914 - 1964, London 1964
Rohwer-Hümmelchen, Chronik des Seekrieges 1939 - 1945, Oldenburg 1968
Silverstone, U.S. Warships of World War II, Shepperton 1965
Terzibaschitsch, Flugzeugträger der U.S. Navy: Flottenträger, Koblenz 1986
Watts, Japanese Warships of World War II, Shepperton 1966
Außerdem wurden zahlreiche Ausgaben der periodischen Werke "Janes Fighting Ships", "Flottes de Combat", "Almanacco Navale", "Weyers Taschenbuch der Kriegsflotten" bzw. "Weyers Flottentaschenbuch", "Brasseys Naval Annual" sowie der Zeitschriften "Marinerundschau", "U.S. Naval Institute Proceedings", "Revue Maritime", "Rivista Marittima", "Ships of the World" und "Sea Power" herangezogen und ausgewertet.

Bildquellennachweis

Aufgeführt sind nachfolgend diejenigen Bildquellen, die dem Autor zur Verfügung standen.
In vielen Fällen ist es nicht mehr möglich, die wirkliche Urheberschaft zu ermitteln.
In diesen Fällen sind die Sekundärquellen (meist Sammlungen) angegeben, sonst die generelle oder vermutete Herkunft.

Australische Marine (1);
Britische Marine (1);
Sammlung Breyer (17);
Französische Marine (3);
Italienische Marine (3);
Japanische Marine (12);
Perkins (1);
Schwedische Marine (1);
PBZ (1);
US-Marine (via Terzibaschitsch) (7);

Zeichnungen:
Breyer (8);
Mrva (8);
Reimpell (1);
u/i (1).

©Copyright, 1994

Alle Rechte, auch die des auszugsweisen Nachdrucks, beim PODZUN-PALLAS-VERLAG GmbH,
Kohlhäuserstr. 8
61200 WÖLFERSHEIM-BERSTADT
Tel. 0 60 36 / 94 36 - Fax 0 60 36 / 62 70

Verantwortlich für den Inhalt ist der Autor.

Gesamtredaktion: Siegfried Breyer, Postf. 1136, 63401 Hanau (Für Beantwortung ihrer Fragen bitte einen Rückumschlag beifügen!)

Technische Herstellung:
Heinz Nickel Satz & Druck, 66482 Zweibrücken

ISBN 3-7909-0509-7

Vertrieb:
Podzun-Pallas-Verlag GmbH
Kohlhäuserstraße 8
61200 Wölfersheim-Berstadt
Telefon: 0 60 36 / 94 36
Telefax: 0 60 36 / 62 70

Alleinvertrieb
für Österreich:
Pressegroßvertrieb
Salzburg
5081 Salzburg-Anif
Niederalm 300
Telefon: 0 62 46 / 37 21

Verkaufspreis für Deutschland: 24,80 DM,
Österreich: 194 Schilling; Schweiz 25,80 sfr.
Für den österreichischen Buchhandel:
Verlagsauslieferung Dr. Hain,
Industriehof Stadlau, Dr. Otto-Neurath-Gasse 5, 1220 Wien

Einführung

Das Werden des flugzeugtragenden Kriegsschiffes ist im Rahmen der "Marine-Arsenal"-Reihe bereits in einer "kurzen Entwicklungsgeschichte "dargestellt worden ("Marine-Arsenal", Sonderband 7 "Flugzeugträger 1917 - 1939"). Hierbei wurde herausgestellt, daß der 14. November 1910 in der Geschichte der Kriegsschiff-Entwicklung einen wichtigen Meilenstein kennzeichnet: An jenem Tag gelang es dem Amerikaner Eugen Ely mit einem "Landflugzeug" - unter "Landflugzeug" ist ein mit Räderfahrwerk versehenes, für den Start und die Landung ausschließlich auf fester Oberfläche (Land) bestimmtes Fluggerät zu verstehen - erstmals von einem Schiff aus zu starten. Wenige Wochen später vollbrachte er die erste Landung auf einem solchen. Damit war der Beweis für die Brauchbarkeit des Schiffes als "schwimmender Flugplatz" grundsätzlich erbracht worden.

Heute mag es sonderbar anmuten, daß sich das Interesse der Marinen primär nicht dem schnelleren, leichten Landflugzeug zuwandte, sondern dem schwerfälligeren, langsameren "Wasserflugzeug", also einem Fluggerät, das nur vom Wasser abheben und wieder auf ihm niedergehen konnte. Dafür gab es durchaus einleuchtende Gründe: Zum einen sahen die Marinechefs im Flugzeug in erster Linie das zukünftige "Auge" der Schlachtflotte, welches deren Schlachtschiffen und größeren Kreuzern ermöglichen sollte, Gewißheit über die Gegnerlage zu verschaffen und die gewonnenen Erkenntnisse möglichst in taktische Vorteile umzusetzen. Hierzu bot sich das Wasserflugzeug als das dafür geeignetere Mittel an: Dieses ließ sich mittels bordeigenen Hebezeugen auf das Wasser aussetzen und auf die gleiche Weise wieder an Bord nehmen, sobald es nach Erfüllung seines Auftrags wieder neben dem Schiff gelandet war. Dieses Verfahren hatte jedoch notwendigerweise zur Voraussetzung, daß das Schiff stoppen mußte, also Zeit verlor. Gleichwohl hat man dies in Kauf genommen, denn die Ausrüstung eines Schiffes der genannten Art bedingte lediglich Abstellplätze an Deck (wobei sich besonders die Decken der schweren Geschütztürme anboten) und die Ausstattung mit entsprechenden Hebezeugen.

Für Landflugzeuge wären indessen aufwendige Umbauarbeiten vorzunehmen gewesen, wobei ein Teil der Hauptbewaffnung von Bord genommen werden mußte, was eine bedeutende Schwächung der Kampfkraft zur Folge gehabt hätte. Ein weiterer Grund für die Favorisierung des Wasserflugzeuges war die Furcht vor Verlusten, etwa bei Notlandungen auf dem Wasser. Der Gedanke, die Schiffe der Schlachtflotte mit Wasserflugzeugen auszurüsten, verlor jedoch schon bald von seiner Vorrangstellung, ohne indessen gänzlich aufgegeben zu werden. Zwar fehlte es an Projekten und Versuchen keineswegs, aber es begann sich jetzt die Erkenntnis durchzusetzen, daß speziell für Wasserflugzeuge entworfene bzw. umgebaute Schiffseinheiten durchaus einen Daseinswert haben werden, auch wenn sie geschwindigkeitsmäßig nicht mit der Schlachtflotte mithalten konnten. So kam es 1912/13 in Großbritannien zum Umrüstungsumbau des 5600 ts verdrängenden älteren Kreuzers HERMES. Aus diesem wurde das erste "Parent Ship for Seaplanes", für das sich im deutschen Sprachgebrauch die Bezeichnung "Flugzeugmutterschiff" einbürgerte. Treffender war der britische Begriff "Seaplane Carrier", der alsbald an Stelle des ersteren trat. Als im Sommer 1914 der Krieg ausbrach, verkörperte die HERMES die "Shipboard Aviation"-Komponente der Royal Navy. In den nächsten Kriegsjahren folgte dann eine Reihe weiterer "Seaplane Carriers", die fast alle durch den Umbau von Fährschiffen entstanden.

Die weitere durch den Krieg begünstigte und beschleunigte Entwicklung führte zum Typ des Flugzeugträgers, dessen Anfänge und Weiterentwicklung in "Marine Arsenal"-Sonderband 7 beschrieben sind. Ungeachtet dessen erwies sich auch das Wasserflugzeug als kriegsbrauchbares Instrument; in ihm sah man einen brauchbaren Torpedoträger, vor allem aber einen guten Aufklärer, der längere Flugzeugstrecken zurücklegen konnte. Daneben erwies er sich auch für andere Aufgaben von maritim geprägter Relevanz als gut geeignet, etwa für die Rettung von Schiffbrüchigen, für Transport- und Kurieraufgaben und anderes mehr. Diese Wertschätzung führte dazu, daß verschiedene Typen von Spezialschiffen für sie geschaffen wurden. Gegen Ende des Ersten Weltkrieges und vor allem in den 20er und 30er Jahren bildeten sich die folgenden Typen heraus: 1. das Flugzeugmutterschiff, 2. der Flugzeugtender und 3. der Flugzeugkreuzer.

Kennzeichnend für den Typ des Flugzeugmutterschiffes war dessen Beschränkung allein auf Wasserflugzeuge (vielfach auch als "Seeflugzeuge" und gelegentlich als "Schwimmerflugzeuge" bezeichnet) und Flugboote. Diese wurden mittels Bordkräne oder Ladebäume ausgesetzt und starteten vom Wasser aus (oder wurden vom Schiff aus per Katapult abgeschleudert). Vom Einsatz zurückkehrend mußten sie neben dem Mutterschiff niedergehen, zum Teil - wie etwa in Japan - oblagen ihnen auch operative Aufträge, zum Beispiel der Aufklärung.

Grundsätzlich galten Flugzeugmutterschiffe und Flugzeugtender als "Hilfsschiffe" im Sinne der zwischen den beiden Weltkriegen abgeschlossenen internationalen Flottenverträge; das heißt, daß sie keines quantitativen oder qualitativen Beschränkungen unterlagen und nach Bedarf beschafft werden konnten.

Reguläre Kampfschiffe blieben indessen zwei andere Gattungen von flugzeugtragenden Schiffen: Flugdeckkreuzer und Flugzeugkreuzer. Der Flugdeckkreuzer blieb in jener Aera eigentlich immer nur ein Wunschbild: Seinen Verfechtern schwebte ein Kriegsschiff vor, das zusätzlich zu seiner typrelevanten Bewaffnung noch über eine fliegende Komponente verfügt, die sich aus Landflugzeugen zusammensetzt und deshalb Einrichtungen erfordert, wie sie einem Flugzeugträger eigen sind, also vor allem ein Flugdeck (mit Hallendeckbereich darunter), das den Bordstart und die Bordlandung zuläßt. Ein solches Schiff mußte jedoch notwendigerweise vorn Kreuzer und hinten Flugzeugträger (oder umgekehrt) sein, oder aber seine Geschütze vorn und achtern und die Fluganlagen dazwischen haben - in beiden Fällen war und blieb es ein Zwittertyp zwischen einem Flugzeugträger und einem Kreuzer. Die Briten haben 1918 einen ihrer damals neuesten Kreuzer, die VINDICTIVE, zu einem solchen Flugdeckkreuzer hergerichtet, hatten aber kein Glück mit ihm und verfolgten diese Typrichtung in der Praxis nicht weiter. Wohl hat es, bis in den Zweiten Weltkrieg hinein, an Projekten von Flugzeugkreuzern (wie auch von Flugzeug-Schlachtschiffen) nicht gefehlt, aber alle liefen auf die VINDICTIVE-Lösung hinaus, an welcher die Briten gescheitert waren. Erst nach dem Zweiten Weltkrieg gelang es der sowjetischen Marine, mit ihrer KIEV-Klasse typidentische Schiffe zu verwirklichen, doch unterlagen diese ganz anderen Vorgaben und Bedingungen, auf die hier einzugehen nicht der Ort sein kann.

Auch der Flugzeugkreuzer war ein Zwittertyp, in diesem Fall ein "Mix" zwischen einem Kreuzer und einem Flugzeugmutterschiff. Im Ersten Weltkrieg war er nur in Deutschland vertreten, hervorgegangen durch den Umbau eines älteren Kleinen Kreuzers (STUTTGART); danach hat sich nur noch Schweden diesem Typ zugewandt, das in den 30er Jahren die GOTLAND bauen ließ. Aber das war durchaus kein "echtes" Flugzeugschiff, sondern so Hadeler (Hadeler, Flugzeugschiffe, München 1939, S. 7) und in Wirklichkeit ein Kreuzer mit einer überbetonten Bordflugzeug-Komponente, ganz ähnlich wie die einige Jahre später in Japan gebauten Kreuzer der TONE-Klasse.

Auf den folgenden Seiten dieses Bandes werden, nach Nationen geordnet, alle wichtigeren und den Entwicklungsverlauf kennzeichnenden Typen der Zwischennachkriegszeit bis in den Zweiten Weltkrieg hinein gebauten und projektierten "Flugzeugschiffe" in bezug auf ihre Eigenschaften und Fähigkeiten abgehandelt. Nicht mehr berücksichtigt sind die erst nach Eintritt in den zweiten Weltkrieg gebauten Schiffe dieser Kategorien.

GROSSBRITANNIEN

ARK ROYAL (PEGASUS)

Auf Grund der seit 1913 mit dem umgebauten Kreuzer HERMES gemachten durchaus ermutigenden Erfahrungen kaufte die Admiralität im Frühjahr 1914 einen gerade begonnenen, noch auf der Helling liegenden Frachtdampfer an und ließ diesen nach ihren Vorstellungen zu einem "Seaplane Carrier" umbauen. Seine flugtechnischen Einrichtungen waren zwar einfach, doch bedeuteten sie jenen auf der HERMES gegenüber einen bedeutenden Fortschritt.

Die Aufbauten hatte man auf der hinteren Schiffshälfte konzentriert, so daß die ca. 65 m lange vordere Hälfte für den Flugbetrieb zur Verfügung stand. Dort war zwar ein Abflugdeck errichtet worden, von dem Radflugzeuge starten sollten, doch wurde es als solches nie benutzt, sondern stets nur als Bereitstellungsfläche für die zum Einsatz heranstehenden Wasserflugzeuge. Zum Aus- und Einsetzen standen zwei nebeneinander angeordnete Drehkräne zur Verfügung. Hinter den Drehkränen befand sich unter Deck ein Laderaum, in dem die Flugzeuge untergestellt werden konnten. Dieses Schiff wurde Ende 1914 fertig und als ARK ROYAL in Dienst gestellt. Ausgelegt war es für maximal 10 Flugzeuge, aber anfangs befanden sich nur sechs von diesen an Bord.

Mit diesem Schiff war ein wichtiger Markierungspunkt in der Bordfliegerei gesetzt worden. Schon bald nach seiner Indienstnahme ist es in den Mittelmeerraum entsandt worden, wo seine Flugzeuge an den Operationen gegen die Dardanellen beteiligt wurden. 1934 ist es in PEGASUS umbenannt worden, sein bisheriger Name ging auf einen Flugzeugträger-Neubau über. Den Zweiten Weltkrieg überlebte es, im Dezember 1946 ist es an Privat verkauft und in Antwerpen zu einem Frachtschiff umgebaut worden; als solches hatte es noch einige wenige Jahre vor sich, aber im Juni 1949 wurde es zum Abbruch verkauft.

Deplacement (normal/maximal)	ts	7.080/7.450
Länge ü.a.	m	111,60
Breite max.	m	15,50
Tiefgang max.	m	5,50
Antriebsanlage		Kolbendampfmaschine
Wellen		1
Antriebsleistung	PS	3.000
Geschwindigkeit	kn	11,0
Flugzeuge		7 - 10
Bewaffnung		4 7,6-cm-Flak, 2 MG

HMS ARK ROYAL 1914

HMS PEGASUS × ARK ROYAL 1932

HMS PEGASUS × ARK ROYAL 1942

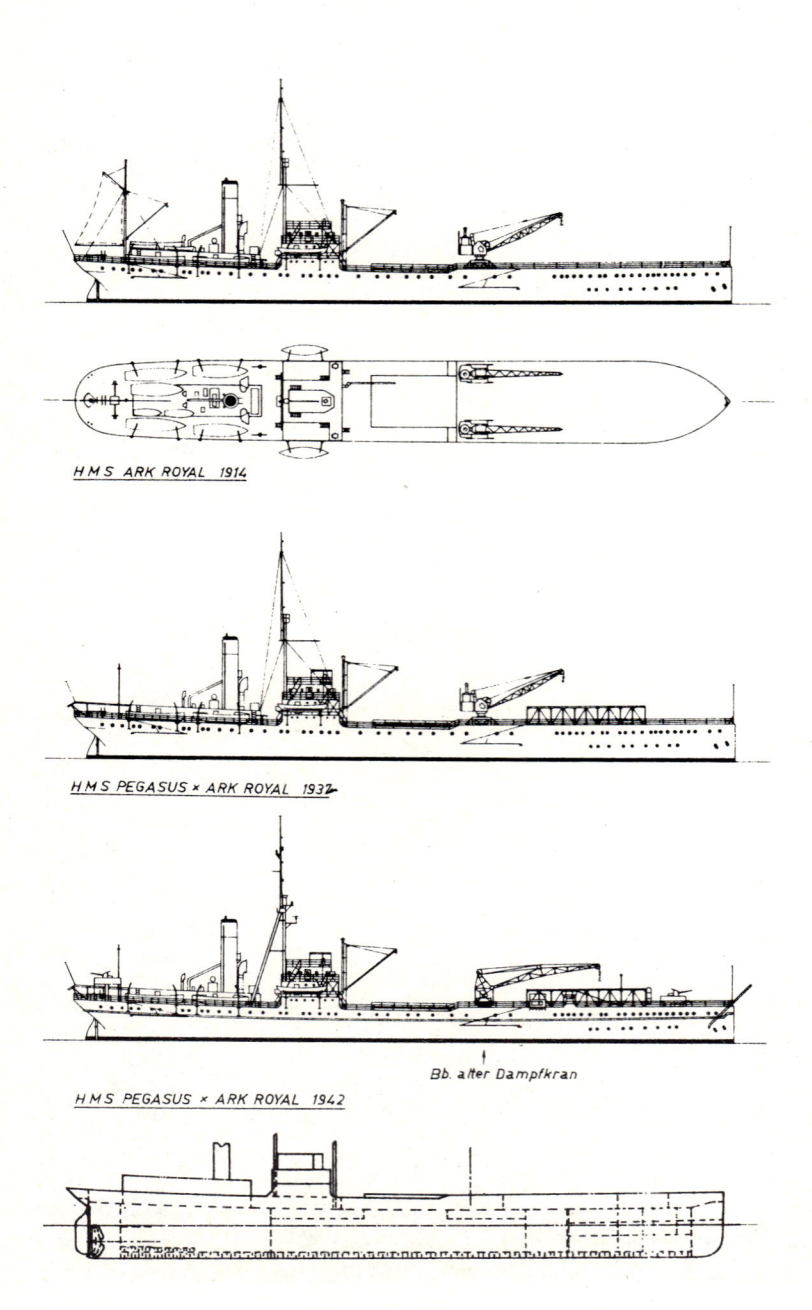

Bb. alter Dampfkran

PEGASUS ex ARK ROYAL ca. 1935.

EMPRESS

Die 1694 BRT große, 1907 zu Wasser gekommene EMPRESS war das erste jener im Ärmelkanal verkehrenden Eisenbahnfährschiffe, die auf Grund ihrer Schnelligkeit - ausnahmslos über 20 kn - als besonders geeignet befunden worden waren, zu "Seaplane Carriers" umgebaut zu werden. Die EMPRESS war erst wenige Jahre vor Kriegsbeginn für die South East & Chatham Railway Co. gebaut worden und wurde am 11. August 1914 von der Admiralität übernommen und im Oktober 1914 auf der Marinewerft Chatham entsprechend hergerichtet. Die Arbeiten umfaßten erstens die Errichtung eines behelfsmäßigen Hangars auf dem Achterdeck, zweitens den Einbau von Reparaturwerkstätten und drittens die Installierung zweier Flugzeugkräne. Gegen Ende des Jahres konnte die EMPRESS an dem (mißlungenen) Raid gegen die deutsche Marineluftschiffbasis Cuxhaven teilnehmen.

Von 1915 ab wurde sie auf außerheimischen Kriegsschauplätzen eingesetzt; im November 1919 erhielten ihre Eigner sie zurück.

Deplacement (normal/maximal)	ts	2.540
Länge ü.a.	m	94,80
Breite max.	m	12,20
Tiefgang max.	m	4,90
Antriebsanlage		Dampfturbinen
Wellen		3
Antriebsleistung	PS	6.000
Geschwindigkeit	kn	21,0
Flugzeuge		6
Bewaffnung		2 10,2-cm-Flak, 1 5,7 cm

Flugzeugmutterschiff EMPRESS. Charakteristisch waren die beiden durch Segeltuchplanen geschlossenen Hangars.

RIVIERA

Dieses 1910-11 erbaute 1675 BRT große Fährschiff gehörte ebenfalls der South East and Chatham Railway Co. an und wurde am 11. August 1914 von der Admiralität übernommen und in die Marinewerft Chatham entsandt, die es zum "Seaplane Carrier" nach gleichem Muster wie EMPRESS umbaute, nur daß sie abweichend von dieser einen zweiten Hangar erhielt, der im Vorschiff aufgebaut wurde. Im Dezember 1914 nahm sie zusammen mit der EMPRESS an dem Raid gegen Cuxhaven teil. 1915 und erneut 1917-18 wurde sie bei der Dover Control verwendet. Gegen Kriegsende befand sie sich im Mittelmeer. 1919 gab die Navy das Schiff an die Eigner zurück.

Deplacement (normal)	ts	2.500
Länge ü.a.	m	96,30
Breite max.	m	12,50
Tiefgang normal	m	4,50
Antriebsanlage		Dampfturbinen
Wellen		3
Antriebsleistung	PS	6.000
Geschwindigkeit	kn	20,5
Flugzeuge		4
Bewaffnung		2 10,2-cm-Flak, 1 5,7 cm

ENGADINE

Die ENGADINE war das dritte von der Admiralität am 11. August 1914 übernommene und zum Umbau in die Marinewerft Chatham entsandte Fährschiff der South East and Chatham Railway Co. und hatte mit 1676 BRT etwa die gleiche Größe.
Die Arbeiten erfolgten nach dem Vorbild der EMPRESS. Kennzeichnendes Umbaumerkmal war wiederum ein in achterer Position in Einfachbauweise errichteter Hangar.
Die Indienststellung erfolgte bereits am 13. August 1914, zu einem Zeitpunkt, zu dem die Umbauarbeiten noch nicht völlig abgeschlossen waren. Auch sie nahm gegen Jahresende an dem Cuxhaven-Raid teil. 1915-17 war sie der Grand Fleet zugeteilt, am 4. Mai 1916 nahmen ihre Flugzeuge an dem Angriff auf den deutschen Luftschiff-Stützpunkt Tondern teil.
Am 31. Mai 1916 kam bei einem Vorstoß der Grand Fleet eines ihrer Flugzeuge in Sichtkontakt mit der Kurs auf das Skagerrak steuernden deutschen Hochseeflotte; nachdem es zur Schlacht gekommen war, nahm sie den schwer beschädigten Panzerkreuzer WARRIOR in Schlepp und übernahm dessen 600 Mann starke Besatzung, als dieser nicht mehr zu halten war und sank. 1918 befand sich die ENGADINE im Mittelmeer, im November ist sie ihren Eignern zurückgegeben worden.

Deplacement (normal)	ts	1.881
Länge ü.a.	m	96,30
Breite max.	m	12,50
Tiefgang normal	m	4,90
Antriebsanlage		Dampfturbinen
Wellen		3
Antriebsleistung	PS	6.000
Geschwindigkeit	kn	21,5
Flugzeuge		4
Bewaffnung		2 10,2-cm-Flak, 1 5,7 cm

Flugzeugmutterschiff ENGADINE. Auf dem Achterdeck ein Seeflugzeug klar zum Einbringen in den Hangar.

BEN-MY-CHREE

Im Januar 1915 beschlagnahmte die Admiralität das Kanal-Fährschiff BEN-MY-CHREE (2651 BRT) der Isle of Man Steam Packet Company und ließ es bei Cammell Laird in Birkenhead zum Seaplane Carrier umbauen.
Mit seinen 24,5 kn Geschwindigkeit war es das schnellste aller von der Navy übernommener Kanalfährschiffe.
Hinsichtlich seiner Gesamtausführung schloß es an seine Vorgänger an; auf ihm war aber über dem Vorschiff eine leicht abbaubare Plattform errichtet worden, die dazu dienen sollte, einem leichten Wasserflugzeug mit untergelegtem Radfahrwerk den Start zu ermöglichen. Eingesetzt wurde sie im Mittelmeerraum; einem ihrer Flugzeuge gelang es dabei im August 1915, mit einem 35,5 cm-Torpedo einen türkischen Frachter zu versenken.
Die BEN-MY-CHREE endete am 11. Januar 1917 im Ägäischen Meer durch türkische Küstenartillerie.

Deplacement (normal)	ts	3.888
Länge ü.a.	m	114,30
Breite max.	m	14,00
Tiefgang normal	m	4,90
Antriebsanlage		Dampfturbinen
Wellen		3
Antriebsleistung	PS	14.000
Geschwindigkeit	kn	24,5
Flugzeuge		4
Bewaffnung		2 10,2-cm-Flak, 1 5,7 cm

CAMPANIA

Für das Zusammenwirken mit der Grand Fleet suchte die Admiralität ein größeres Schiff, sie stieß dabei auf den bereits über 20 Jahre alten 12.884 BRT-Fahrgast-Schnelldampfer CAMPANIA der Cunard Line. Diese hatten ihn kurz zuvor an eine Abbruchwerft verkauft. Am 27. November 1914 erwarb die Admiralität das Schiff, sein Umbau wurde von der Cammell Laird-Werft in Birkenhead vorgenommen und war im April 1915 abgeschlossen. Abweichend von dem bisherigen Umbauschema erhielt die CAMPANIA eine 36,50 m lange Abflugplattform über dem Vorschiff, von der Wasserfluzeuge mit untergelegtem Räderfahrgestell starten sollten. Dieses wurde bald darauf um ca. 25 m verlängert und erhielt auch eine größere Neigung, um den Start zu erleichtern. Unter dem Flugdeck befand sich bereits ein Hangar, in welchen die Flugzeuge mittels bordeigener Ladebäume ein- und ausgesetzt wurden. Ein weiterer Hangar war unter dem Oberdeck zwischen den Schornsteinen geschaffen worden. In der Praxis erwies es sich indessen als sehr problemhaft, die Wasserflugzeuge mit untergelegtem Räderfahrgestell in die Luft zu bringen; dies war nur mit extrem leichtgewichtigen Flugzeugen möglich. Dies führte dazu, daß für den Gebrauch des Abflugdecks Radflugzeuge eingeschifft wurden; damit verkörperte die CAMPANIA einen "mixed type" des Flugzeugschiffes. Wegen der unzulänglichen Zuladungskapazität der Radflugzeuge konnten diese jedoch nicht für operative Zwecke eingesetzt werden. Dennoch wurde mit ihnen wertvolles Erfahrungsgut gewonnen, das für die Entwicklung zum Flugzeugträger von unschätzbarem Wert war. Die CAMPANIA ging am 5. November 1918 infolge Kollision mit dem Schlachtschiff REVENGE im Firth of Forth verloren.

Deplacement (normal)	ts	18.000
Länge ü.a.	m	189,60
Breite max.	m	19,80
Tiefgang max.	m	7,90
Antriebsanlage		Kolbendampfmaschinen
Wellen		2
Antriebsleistung	PS	28.000
Geschwindigkeit	kn	21,0
Flugzeuge		10
Bewaffnung		6 12-cm-Flak, 1 7,6 cm

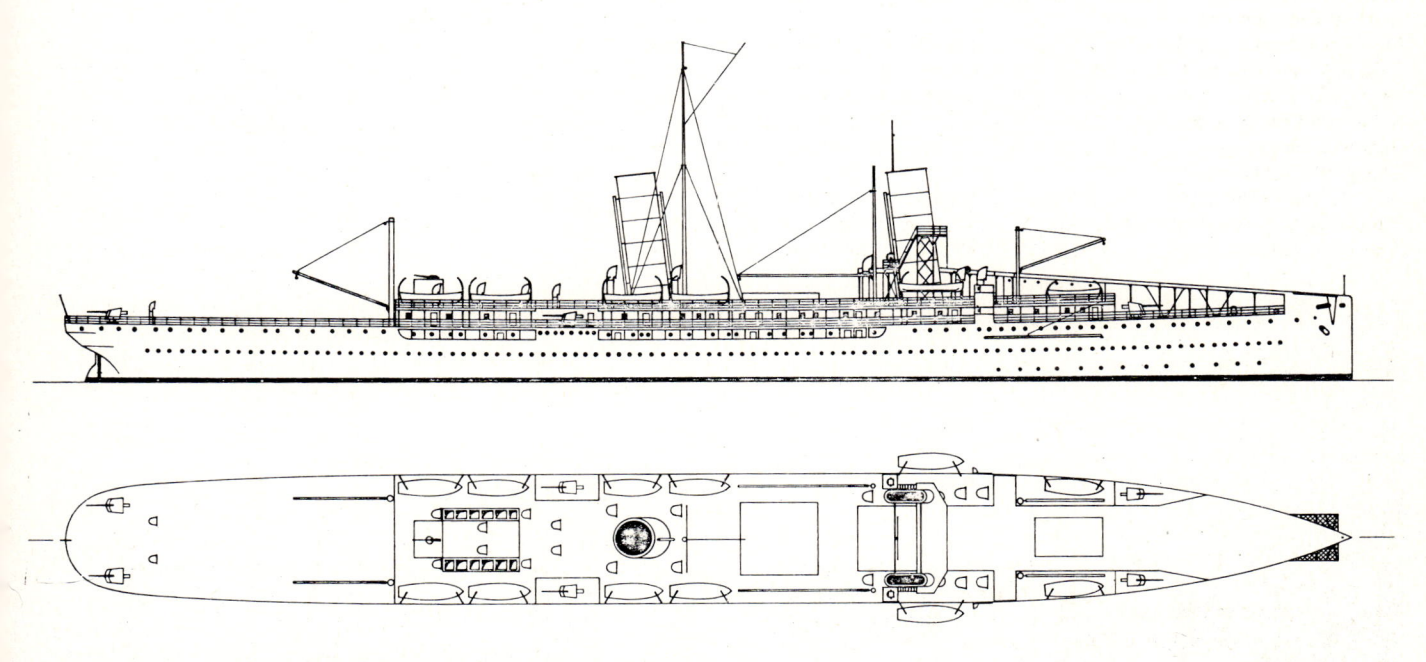

Flugzeugmutterschiff CAMPANIA, Ausrüstungszustand von 1917.

Flugzeugmutterschiff CAMPANIA vor Anker liegend. Einigermaßen sichtbar ist das Schornsteinpaar am hinteren Ende des Abflugdecks.

Ein startbereites Flugzeug an Bord der CAMPANIA.

VINDEX

Ähnlich wie BEN-MY-CHREE war auch dieses 1904-05 erbaute 1951 BRT-Fährschiff - als solches führte es den Namen VIKING - eines der schnellsten im Fährdienst zwischen dem Festland und den Britischen Inseln. Bereedert wurde es von der Isle of Man Steam Packet & Co. In die Navy übernommen worden ist sie am 15. März 1915; im September 1915 erfolgte ihre Indienststellung als VINDEX. Der Umbau erfolgte in Anlehnung an die bisherigen Seaplane Carrier-Versionen, aber wie auf der CAMPANIA wurde ebenfalls über ihrem Vorschiff eine Abflugplattform (Länge jedoch nur 19,5 m) errichtet, womit sie ebenfalls einen "Mixed Carrier" verkörperte. Ihre erste Verwendung erfolgte in der Nordsee, dabei nahm sie am 4. Mai 1916 an dem "Tondern-Raid" teil. Die Jahre 1918 bis 1919 verbrachte sie im Mittelmeer, im Februar 1920 ist sie ihren Eigentümern zurückgegeben worden, um dann wieder als Fährschiff in Fahrt zu kommen. Im Zweiten Weltkrieg wurde sie als Truppentransporter verwendet.

Deplacement (normal)	ts	2.950
Länge ü.a.	m	110,00
Breite max.	m	12,80
Tiefgang normal	m	4,00
Antriebsanlage		Dampfturbinen
Wellen		3
Antriebsleistung	PS	11.000
Geschwindigkeit	kn	23,0
Flugzeuge		7
Bewaffnung		4 7,6-cm-Flak, 1 5,7 cm

Flugzeugmutterschiff VINDEX.

MANXMAN

Dieses 2048 BRT große und 1903-04 gebaute Kanal-Fährschiff war von der Midland Railway Co. bereedert und wurde von der Admiralität am 17. April 1916 angekauft und in der Marinewerft Chatham umgebaut. Auch sie wurde ein "Mixed Carrier": Kennzeichen dafür war wiederum die Abflugplattform über dem Vorschiff. Achtern befand sich ein Hangar in der damals üblichen Bauweise; hinter diesem war eine von zwei seitlich angeordneten Säulen getragene Laufkran-Anlage errichtet, mittels derer das Einbringen der Flugzeuge über das Heck erfolgte. Die MANXMAN war zuerst der Grand Fleet zugeteilt und verrichtete ihren Dienst bei deren Battlecruiser Force.

Dabei wurden in ganz besonderer Weise die Unzulänglichkeiten eines solchen Schiffes sichtbar: Es konnte mit der Force geschwindigkeitsmäßig überhaupt nicht mehr mithalten und wurde dadurch mehr ein lästiges "Anhängsel" denn ein nützliches Glied.

Im Herbst 1917 ist sie in das Mittelmeer beordert worden, dort kam sie zuletzt noch im Dardanellen-Bereich zum Einsatz. Im Februar 1920 gab die Navy das Schiff an die Eigner zurück; es fuhr danach wieder als Fährdampfer. Rund 20 Jahre später ist es noch einmal von der Navy vereinnahmt worden: Im Oktober 1941 hat man es erneut requiriert und als Radar-Schulschiff CADUCEUS verwendet. 1949 endete es in einer Abbruchwerft.

Deplacement (normal)	ts	3.090
Länge ü.a.	m	109,80
Breite max.	m	14,10
Tiefgang normal	m	5,00
Antriebsanlage		Dampfturbinen
Wellen		3
Antriebsleistung	PS	6.300
Geschwindigkeit	kn	18,0
Flugzeuge		8
Bewaffnung		2 10,2-cm-Flak,1 5,7 cm

Flugzeugmutterschiff MANXMAN.

NAIRANA

Die NAIRANA war als 3457 BRT-Fahrgastschiff im Januar 1914 von der australischen Huddart Parker Reederei bei der Denny-Werft in Dumbarton auf Kiel gelegt worden und verfiel nach Kriegsbeginn dem Baustopp, wurde aber im Juni 1915 zu Wasser gebracht, um die Helling frei zu machen.

Auf der Suche nach weiteren geeigneten Schiffen stieß die Admiralität gegen Ende des Jahres 1916 auf diesen Torso und übernahm ihn am 27. Februar 1917 zum Umbau in einen Seaplane Carrier. Gegen Ende des Monats August 1917 waren die Arbeiten abgeschlossen. Der Umbauentwurf fundierte auf der MANXMAN: Wie diese konnten die Flugzeuge über das Heck in den Hangar aus- und eingebracht werden, wozu sie auf Karren gesetzt wurden, die in Schienen liefen. Anders als auf der MANXMAN befand sich auf dem Hangar eine hinten stark überhängende Tragwerkkonstruktion, an der eine Laufkatze lief. Dieses Tragwerk war nach beiden Seiten um je etwa 5 Grad beweglich, so daß die Flugzeuge wahlweise auf die beiden nebeneinander in den Hangar führenden Gleisspuren weggefiert werden konnten.

Mit dieser Anlage war es möglich geworden, das Aus- und Einbringen der Flugzeuge etwas zu beschleunigen, aber immer noch unter der Voraussetzung einer einigermaßen ruhigen See. Auch ein (inzwischen wohl obligatorisch gewordenes) Abflugdeck in vorderer Position gehört dazu, unter ihm ein Hangar. Die NAIRANA war zwar langsamer als die meisten ihrer Artgenossen, aber ihre flugtechnischen Anlagen und Einrichtungen hatten unter allen Seaplane Carriers den bisher höchsten Stand erreicht. 1918 war die NAIRANA im Mittelmeer eingesetzt, nahm 1919 an dem Interventionsfeldzug gegen die Bolschewisten im Raum von Archangelsk teil und wurde 1920 an die Eigner zurückgegeben, die es noch bis 1951 in Fahrt hielten.

Deplacement (normal)	ts	3.070
Länge ü.a.	m	107,30
Breite max.	m	13,90
Tiefgang normal	m	4,30
Antriebsanlage		Dampfturbinen
Wellen		2
Antriebsleistung	PS	6.300
Geschwindigkeit	kn	20
Flugzeuge		7
Bewaffnung		2 7,6-cm-Flak,1 7,6 cm **??**

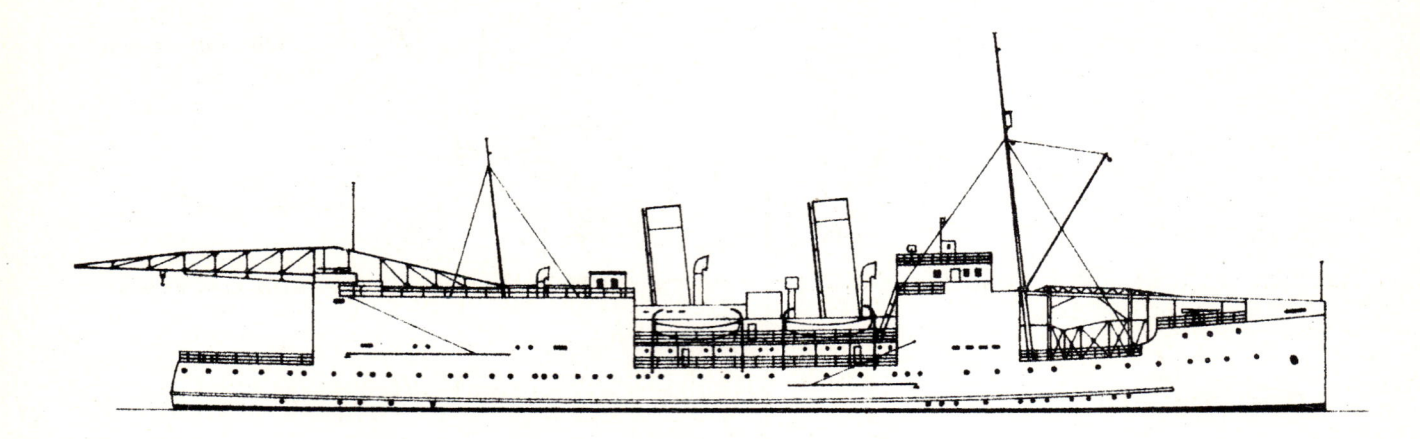

Seitenansicht des Flugzeugmutterschiffes NAIRANA.

Die NAIRANA von genau querab gesehen. Beachtenswert die Tragewerk-Konstruktion für eine Laufkatze zum Ein- und Ausbringen der Flugzeuge über das Heck.

PEGASUS

Der 1914 bei der Werft John Brown in Clydebank auf Kiel gelegte und nach Kriegsbeginn dem Baustopp verfallene 2450 BRT-Fahrgast-Schnelldampfer STOCKHOLM der Great Eastern Railway Co. wurde am 27. Februar 1917 angekauft und zum Fertigbau als Seaplane Carrier bestimmt. Schon am 21. August 1917 erfolgte die Indienststellung, wobei er den Namen PEGASUS erhielt.

Ebenso wie seine Vorgänger bekam er auf Achterschiff einen Hangar in üblicher Bauweise und im Vorschiff ein Abflugdeck mit Hangar darunter. Insgesamt galt die PEGASUS in der Royal Navy als ihr technisch am besten ausgelegter Seaplane Carrier.

1917-18 diente sie bei der Grand Fleet und war deren Battlecruiser Force zugeteilt. Hierbei ist sie aber in erster Linie für die Schulung jener Piloten verwendet worden, die mit ihrem Flugzeug von kleinen Abflugplattformen starten mußten, welche zu dieser Zeit auf den Türmen von Schlachtschiffen und Schlachtkreuzern installiert wurden. Von 1924 diente sie als Flugzeugtender, 1931 ist sie gestrichen und bald danach abgebrochen worden.

Deplacement (normal)	ts	3.300
Länge ü.a.	m	101,20
Breite max.	m	13,10
Tiefgang normal	m	4,66
Antriebsanlage		Dampfturbinen
Wellen		2
Antriebsleistung	PS	9.700
Geschwindigkeit	kn	20,25
Flugzeuge		9
Bewaffnung		4 7,6-cm-Flak

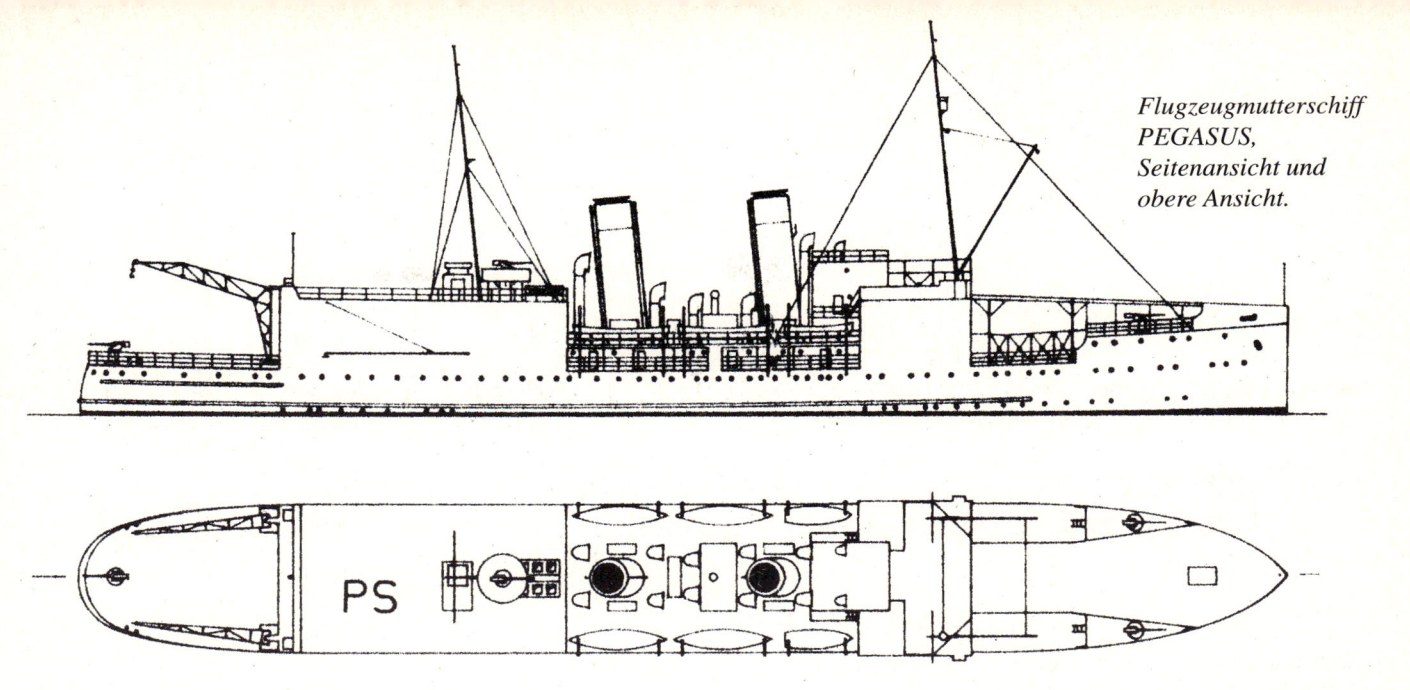

Flugzeugmutterschiff PEGASUS, Seitenansicht und obere Ansicht.

Die PEGASUS aus der Sicht des Flugzeugbeobachters. Als Fliegererkennungszeichen sind die Buchstaben "PS" - für PEGASUS - auf dem Hangardach aufgemalt.

VINDICITIVE ex CAVENDISH

Als mit der Bordfliegerei im Krieg eine gewisse Front- und Einsatzreife erreicht worden war und die bisherige Praxis des Umbaus von Handelsschiffen zu Seaplane Carriers kaum noch Verbesserungsmöglichkeiten zu bieten schien, beschloß man in der Royal Navy, einen Kreuzer mit einem Seaplane Carrier zu vereinen. Die Auswahl fiel nicht schwer: ein im Juni 1916 in Belfast bei Harland & Wolff auf Kiel gelegter Kreuzer (CAVENDISH) der HAWKINS-Klasse (näher abgehandelt in „Marine-Arsenal" Band 18: „Die „Washington-Kreuzer" als Schlachtschiff-Ersatz" (Teil I, S. 3 ff.) befand sich noch in so frühem Baustadium, daß er für ein solches Vorhaben am besten geeignet schien. Bei dem Umbauentwurf mußte der Forderung Rechnung getragen werden, die vorgesehene Hauptbewaffnung - 19 cm-Geschütze - soweit wie möglich zu erhalten. Der Flugdeckbereich wurde - weil eine Änderung der Kesselrauchabzüge und der Brückenaufbauten zu viel Zeit in Anspruch genommen hätte - unverändert beibehalten - eine Entscheidung, die noch bedauert werden sollte! Vor respektive hinter den Aufbauten erstreckte sich deshalb ein (kürzeres) Startdeck wie bisher praktiziert und ein (längeres) Landedeck, beide mit Hangardeck jeweils darunter. Die Verbindung zwischen den beiden Flugdeckbereichen wurde durch eine an der Backbordseite geschaffene, um die Aufbauten herumgeführte Rampe hergestellt. Auf dieser sollten die achtern gelandeten Flugzeuge mit abgenommenen oder hochgestellten Tragflächen auf das Startdeck gerollt und wieder zusammengebaut werden.

Zum Schutz der landenden Flugzeuge vor einem „crash" gegen die Aufbauten wurde hinter diesen ein galgenähnliches Gerüst mit teils lose herabhängenden und teils gespannten Tauen errichtet, um als „Fanganlage" zu dienen.

Die Beschickung der Hangars mußte noch mittels Ladebäumen vorgenommen werden, Aufzüge gab es noch nicht. Insgesamt entsprachen die flugtechnischen Einrichtungen dieses zum „Zwittertyp" gewordenen Schiffes dem Standard auf dem Flugzeugträger FURIOUS im Zustand nach dem zweiten Umbau (näher abgehandelt in „Marine-Arsenal" Band 18: „Die 'Washington-Kreuzer' als 'Schlachtschiff-Ersatz' (Teil I, Seite 3 ff.).) Am 1.Oktober 1918 folgte die Indienststellung des nunmehr in VINDICTIVE umbenannten „Hybrid Cruisers". In der Praxis tauchten dann aber die gleichen Probleme auf, wie man sie auf der FURIOUS ab ihrem zweiten Umbau hatte (was bei dieser den Anstoß zu einem dritten Umbau - jetzt zum wirklichen Flugzeugträger - gegeben hatte). Zu einem nochmaligen Umbau der VINDICTIVE konnte man sich jedoch aus wichtigen Gründen nicht entschließen. Daher erfüllte dieses Schiff die ihm zugedachte Rolle so gut wie überhaupt nicht. Schon in den frühen 20er Jahren wurden die flugtechnischen Einrichtungen bis auf den vorderen Hangar von Bord genommen. Die Absicht, es in einen regulären Kreuzer zurückzubauen, wurde - nicht zuletzt wegen der sich abzeichnenden Beschränkungen im Flottenausbau - frühzeitig aufgegeben. Einige Jahre lang diente die VINDICTIVE als Versuchsschiff für die Katapult-Entwicklung, in den 30er Jahren wurde sie zunächst Kadettenschulschiff, zuletzt Werkstattschiff. 1946 endete sie in einer Abbruchwerft.

Deplacement (normal)	ts	9.344
Länge ü.a.	m	184,40
Breite max.	m	21,40
Tiefgang normal	m	6,70
Antriebsanlage		Dampfturbinen
Wellen		4
Antriebsleistung	PS	60.000
Geschwindigkeit	kn	29.75
Flugzeuge		6 - 12
Bewaffnung		4 19-cm-Flak, 1 7,6 cm, 4 7,6 cm-Flak

Flugzeugkreuzer VINDICTIVE mit Tarnbemalung. Seine Besatzung hat Paradeaufstellung genommen.

Noch einmal die VINDICTIVE, hier von der Backbordseite gesehen.

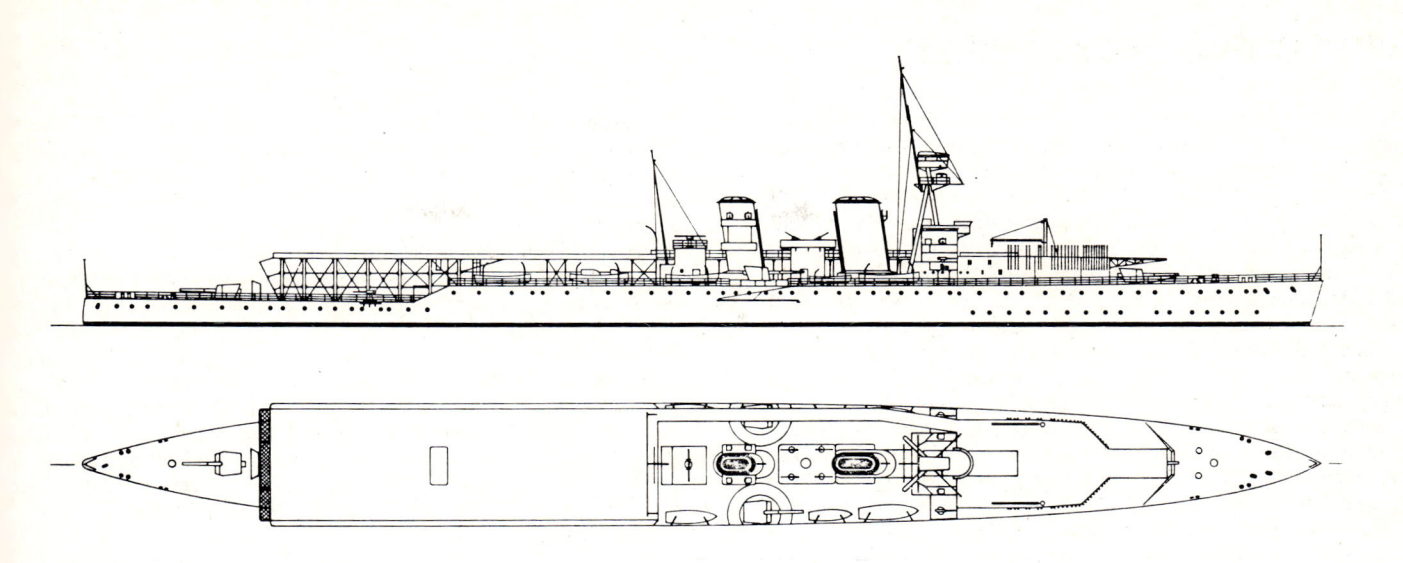

Seitenansicht und obere Ansicht der VINDICTIVE.

ALBATROSS

Gegen Mitte der 20er Jahre beschloß Australiens Marineführung die Beschaffung eines Seaplane Carriers, um ihren an Zahl geringen Marinefliegerkräften einen mobilen Rückhalt geben zu können.
Dieses Schiff erhielt den Namen ALBATROSS und wurde am 5. Mai 1926 auf der Cockatoo-Werft in Sydney auf Kiel gelegt und am 23. Februar 1928 zu Wasser gebracht; die Indienststellung erfolgte im Januar 1929.
In seinem Unterdeck-Hangarraum fanden 9 einmotorige Amphibienflugzeuge Platz.
Zum Aus- und Wiedereinsetzen an Bord standen zwei Drehkräne zur Verfügung.
Insgesamt entsprach die Auslegung in etwa der 1914 in Dienst gestellten ARK ROYAL.

Im September 1938 verkaufte Australien das Schiff an Großbritannien, wo es unter dem gleichen Namen zunächst als Seaplane Carrier und ab 1943 als Werkstattschiff diente.

Deplacement (normal)	ts	6.350
Länge ü.a.	m	135,25
Breite max.	m	18,60
Tiefgang normal	m	5,26
Antriebsanlage		Dampfturbinen
Wellen		2
Antriebsleistung	PS	12.000
Geschwindigkeit	kn	21,0
Flugzeuge		9
Bewaffnung		4 12-cm, 4 4-cm-Flak

Flugzeugmutterschiff ALBATROSS, hier noch während seiner Zugehörigkeit zur Marine Australiens.

DEUTSCHLAND

ANSWALD (F.S.I)

Als im August 1914 der Krieg ausbrach, stand es um die deutsche Marinefliegerei - soweit es die Flugzeuge betraf - nicht zum Besten: Anders als in Westeuropa hielt man sich in Deutschland bei der Förderung des Flugzeuges als Seekriegs-Instrument zurück. Das lag daran, daß bei der Entwicklung der Zeppelin-Luftschiffe eine hohe Stufe der Vollkommenheit erreicht worden war, wobei diese hinsichtlich Eindringtiefe, Flugausdauer und Waffenzuladung dem Flugzeug klar überlegen zu sein schienen. Bei Kriegsbeginn befand sich daher das Marineflugzeugwesen noch in den Anfängen der Entwicklung. Dieser Zustand begann sich gleich bei Kriegsausbruch zu ändern. Es erschien nunmehr wünschenswert, über einige flugzeugtragende Schiffe mit Wasserflugzeugen zu verfügen; diese sollten der Flotte folgen und ihr die Aufklärungsmeldungen ihrer Piloten übermitteln. Ähnlich wie in Großbritannien kam es daher unmittelbar nach der Mobilmachung auch in Deutschland zu Aktivitäten mit dem Ziel der Beschaffung von Fluzeugmutterschiffen. Das erste war der 1909 beim Bremer Vulkan gebaute 5401 BRT-Frachtdampfer ANSWALD der Hamburg-Bremer Afrika-Linie. Mit seinem Umbau wurde die Kaiserliche Werft in Danzig beauftragt. Die Arbeiten beschränkten sich im wesentlichen auf die Errichtung zweier Oberdeck-Hangars für zwei Wasserflugzeuge und die Schaffung von Werkstätten für die Reparatur und Wartung sowie von Räumen für flugtechnische Vorräte. Die Von- und Anbordnahme der Flugzeuge wurde mit herkömmlichen Ladebäumen vorgenommen. Schon am 19. August 1914 erfolgte die Indienststellung; dabei behielt die ANSWALD ihren Namen, doch wurde ihr zusätzlich die Kurzbezeichnung "F.S.I." ("F.S." stand für "Flugzeugmutterschiff") eigen. Schon wenige Tage später ist mit den ersten Erprobungen und Übungen der Flugzeuge begonnen worden. Dabei wurde deutlich, daß das Aus- und Wiedereinsetzen der Flugzeuge erheblichen Risiken unterlag, wodurch den Verwendungsmöglichkeiten dieses Schiffstyps von vornherein enge Grenzen gesetzt wurden. 1915 hat man dennoch eine Vergrößerung der Hangars vorgenommen, um nunmehr bis zu vier Flugzeuge unterbringen zu können.

Den Krieg verbrachte die ANSWALD in der Ostsee, wo sie vorwiegend bei der Überwachung des Seeverkehrs im Öresund eingesetzt war. 1919 fiel sie Großbritannien zu, wo sie 1922 als ziviler Frachter in Fahrt gebracht wurde. 1933 ist sie zum Abbruch verkauft worden.

Deplacement (Konstruktion)	ts	13.200
Länge ü.a.	m	133,60
Breite max.	m	16,58
Tiefgang max.	m	7,80
Antriebsanlage		Dampfkolbenmaschine
Wellen		1
Antriebsleistung	PS	3.650
Geschwindigkeit	kn	13,5
Flugzeuge		2 - 3
Bewaffnung		2 8,8-cm-Flak

Deutsches Flugzeugmutterschiff ANSWALD.

SANTA ELENA (F.S.II)

Am 3. August 1914 übernahm die Marine den 1907 von Blohm & Voß in Hamburg gebauten Frachtdampfer SANTA ELENA (7.415 BRT). Sein Umbau zum Flugzeugmutterschiff erfolgte ebenfalls durch die Kaiserliche Werft in Danzig; noch bevor dieser abgeschlossen war, wurde am 23. August 1914 die Indienststellung vorgenommen. Seinen Namen behielt das Schiff bei, bekam aber die marineseitige Kennung F.S.II. Die Herrichtung zum Flugzeugmutterschiff wurde in Anlehnung an den Umbauentwurf der ANSWALD vorgenommen, d.h. es wurden zwei Hangars errichtet, in denen je ein Flugzeug unterzubringen war. Auf Grund der Erprobungen wurde dann eine Vergrößerung der Hangars beschlossen, um vier Flugzeuge mitführen zu können.

Die SANTA ELENA kam ebenfalls im Ostseebereich zum Einsatz. Im Frühjahr 1916 unternahmen ihre Bordflugzeuge Aufklärungsflüge über den nördlichen Teil des Rigaischen Meerbusens und waren bei einem Angriff auf eine russische Seeflugstation beteiligt. Im Herbst 1917 nahm die SANTA ELENA an den Operationen zur Einnahme der Baltischen Inseln teil, wobei ihre Flugzeuge wertvollen Anteil in der Aufklärung hatten.

Gegen Kriegsende befand sich das Schiff in der Nordsee, 1919 kam es in fremde Hände und wechselte danach mehrfach Nationalität und Eigner. Im Sommer 1944 ging sie in Marseille durch Bombentreffer verloren.

Deplacement (Konstruktion)	ts	13.900
Länge ü.a.	m	137,30
Breite max.	m	16,66
Tiefgang max.	m	7,02
Antriebsanlage		Dampfkolbenmaschine
Wellen		1
Antriebsleistung	PS	2.800
Geschwindigkeit	kn	11,5
Flugzeuge		4
Bewaffnung		2 8,8-cm-Flak

OSWALD (F.S.III)

Kurz nach Kriegsausbruch im August 1914 war der 1905 in England gebaute Frachtdampfer OSWESTRY (3.657 BRT) als Prise aufgebracht worden. Er fiel als Embargoschiff der Marine zur Nutzung zu und diente zunächst als Fboot-Mutterschiff. Im Sommer 1917 erhielt er den neuen Namen OSWALD. Sein Umbau zum Mutterschiff erfolgte von Februar bis Juli 1918, wiederum bei der Kaiserlichen Werft in Danzig. Der Umbauentwurf orientierte sich stark an seinen Vorgängern OSWALD und SANTA ELENA, nur war dieses Schiff wesentlich kleiner als jene. Dennoch konnten auch auf ihm zwei Hangars für vier Flugzeuge errichtet werden. Die Indienststellung wurde am 15. Juli 1918 als F.S.III vorgenommen, danach kam das Schiff bei der Überwachung des Öresund zum Einsatz. Ab Oktober 1918 diente es zur Sicherung eigener UBoote, die durch das Kattegatt in die Heimat zurückkehrten. 1919 wurde es an Großbritannien zurückgegeben; von dort aus gelangte es 1924 an Japan und wurde 1945 durch amerikanische Bomber versenkt.

Deplacement (Konstruktion)	ts	7.640
Länge ü.a.	m	107,28
Breite max.	m	15,24
Tiefgang max.	m	7,48
Antriebsanlage		Dampfkolbenmaschine
Wellen		1
Antriebsleistung	PS	2.200
Geschwindigkeit	kn	10,0
Flugzeuge		4
Bewaffnung		2 8,8-cm-Flak

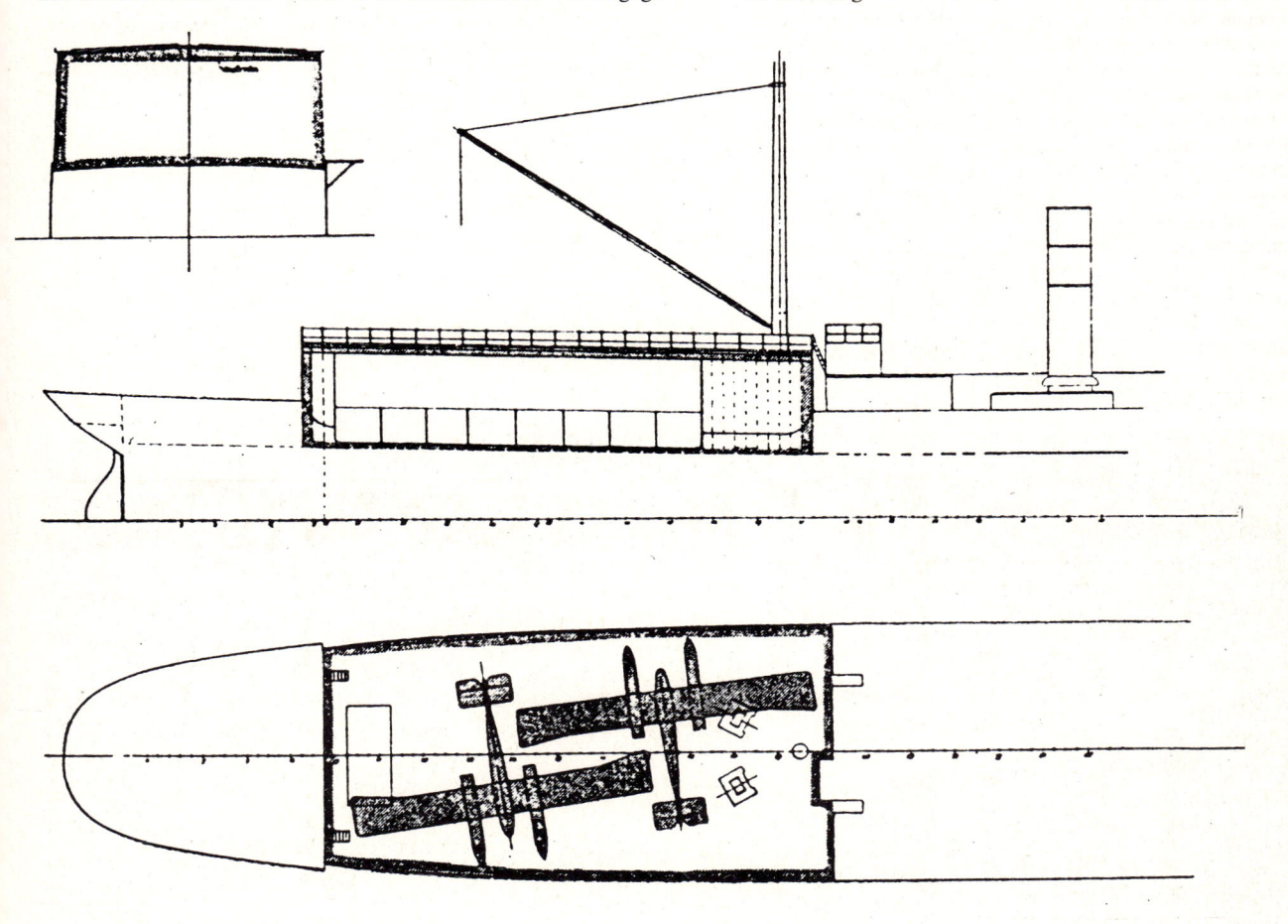

Schematische Darstellung des Hangars auf dem Flugzeugmutterschiff OSWALD.

GLYNDWR

Der 1904 in Glasgow gebaute britische Frachtdampfer GLYNDWR wurde bei Kriegsausbruch in Danzig liegend beschlagnahmt und bald danach bei der Kaiserlichen Werft in Danzig zum Flugzeugmutterschiff hergerichtet. Am 16. Dezember 1914 stellte es in Dienst. Sein Name wurde beibehalten, aber die "F.S."-Kurzbezeichnung hat es nie erhalten, obwohl es als Flugzeugmutterschiff genutzt wurde. Hangars hat es allerdings nicht bekommen, die auf ihm eingeschifften Flugzeuge standen im Freien auf den Laderaum-Lukenabdeckungen. Zunächst diente es der Pilotenausbildung. 1915 nahmen seine Flugzeuge an Aufklärungsflügen und Bombenwürfen im Libauer Bereich teil. Dabei ist es durch einen Minentreffer schwer beschädigt worden, was nach seiner Einbringung die Außerdienststellung auslöste. Dennoch ist es repariert worden. Bis September 1916 diente es noch als Flugzeugmutterschiff, danach ist es als Lichtsperrschiff im Öresund verwendet worden. 1919 mußte es an Großbritannien zurückgegeben werden und versah dann unter wechselnden Eignern und Nationalität Dienst bis in die 50er Jahre.

Deplacement (Konstruktion)	ts	ca. 6.000
Länge ü.a.	m	100,70
Breite max.	m	13,35
Tiefgang max.	m	5,80
Antriebsanlage		Kolbendampfmaschine
Wellen		1
Antriebsleistung	PS	1.600
Geschwindigkeit	kn	10,0
Flugzeuge		4
Bewaffnung		2 10,5-cm

STUTTGART

Während in Großbritannien der Fertigbau eines "Hybrid Cruiser" (VINDICTIVE) in Angriff genommen worden war, ging man in Deutschland dazu über, Kreuzer zu Flugzeugmutterschiffen herzurichten. Der Anstoß dazu kam von der Flottenführung im Dezember 1917. Diese wünschte bessere Flugzeugschiffe zu erhalten als bisher verfügbar waren. Zum einen sollten sie geschwindigkeitsmäßig in der Lage sein, mit der Flotte Schritt zu halten, und zweitens mußten sie befähigt sein, bei einem etwaigen Zusammentreffen mit gegnerischen Streitkräften sich wenigstens Zerstörer vom Leibe halten zu können. Hierzu konnte nur ein Kreuzer in Betracht kommen, denn er vermochte mit der Hochseeflotte Schritt zu halten und schien zudem groß genug, um die für einen Bordflugzeugbetrieb erforderlichen Einrichtungen aufnehmen zu können. Die Wahl fiel auf zwei ältere Kleine Kreuzer, STUTTGART und STETTIN, die zu diesem Zeitpunkt beide je 10 Dienstjahre hinter sich gebracht hatten. Ihr Umbau wurde am 20. Januar 1918 genehmigt, aber begonnen worden ist dieser nur an der STUTTGART, und zwar von Februar bis Mai 1918 bei der Kaiserlichen Werft in Wilhelmshaven. Zunächst wollte man die Erfahrungen mit dem umgebauten Kreuzer STUTTGART abwarten, erst dann sollten auch die Arbeiten an der STETTIN begonnen werden, um nach Möglichkeit Verbesserungen vornehmen zu können.

Von der aus 10,5 cm-Geschützen bestehenden Hauptbewaffnung blieben nur vier - je zwei auf den Seitendecks im Mittelschiff - übrig; an Stelle der beiden vorderen sind 8,8 cm-Flak eingebaut worden, die hinteren vier fielen ersatzlos weg, um Platz für zwei der Länge nach versetzt zueinander angeordnete 20 m lange, zusammen 12 m breite und etwas über 6 m hohe Hangars zu schaffen. Das Aus- und Einbringen der Flugzeuge erfolgte seitwärts mit Hilfe von Ladebäumen. Jede Halle hatte ein mit Segeltuch bespanntes, in Längsrichtung auflaufendes Tor von etwa 16 m Länge. Das Gelingen eines solchen Manövers hing weitgehend von der herrschenden Wetterbedingung (Seegang und Wind) ab und gestaltete sich stets sehr umständlich und zeitaufwendig; dabei lag das Schiff gestoppt und bot sich insbesondere Ubooten als gute Zielscheibe dar. Insoweit war alles beim alten geblieben, wie man es von den zuvor in Dienst gestellten Mutterschiffen gewohnt war.

Am 16. Mai 1918 wurde die STUTTGART wieder in Dienst gestellt und nahm in der Nordsee an Operationen der Schlachtkreuzer teil, die als Deckungsstreitkräfte für Minensuchverbände wirkten.

Der Umbau der STETTIN ist nicht mehr in Angriff genommen worden. Die STUTTGART wurde am 20. Juli 1920 an Großbritannien ausgeliefert und ist dort abgebrochen worden. Ein "Flugzeugkreuzer" - wie sie als solches oftmals bezeichnet wurde - war sie keineswegs. Hierzu fehlte es ihr, anders als bei der britischen VINDICTIVE, an artilleristischer Kampfkraft. Die 10,5 cm-Geschützbewaffnung der deutschen Kleinen Kreuzer dieser Aera war schon damals unzureichend, und andererseits mangelte es ihr auch an einer für einen "Flugzeugkreuzer" halbwegs befriedigenden Anzahl von Flugzeugen.

Deplacement (Konstruktion)	ts	3470
Länge ü.a.	m	117,40
Breite max.	m	13,30
Tiefgang max.	m	5,30
Antriebsanlage		Kolbendampfmaschinen
Wellen		2
Antriebsleistung	PS	13.200
Geschwindigkeit	kn	23,0
Flugzeuge		3
Bewaffnung		4 10,5-cm, 2 8,8-cm-Flak

Projekt ROON

Die Erfahrungen mit der STUTTGART brachten zutage, daß auch ein Kleiner Kreuzer als Flugzeugmutterschiff unzulänglich bleibt, vor allem wegen seiner geringen Schiffsbreite, die zu erheblichen Einschränkungen bei der Flugzeuganzahl zwingen. Das Kommando der Hochseestreitkräfte empfahl daher mit einer Vorlage vom 12. August 1918 an das Reichsmarineamt, von dem geplanten Umbau des Kreuzers STETTIN Abstand zu nehmen und an dessen Stelle ein größeres Schiff vorzusehen, auf dem zumindest 4 Flugzeuge unterzubringen waren. Dabei wurde der seit 1906 im Dienst befindliche Große Kreuzer ROON in die engere Wahl genommen; dieser diente seit November 1916 nur noch als Ausbildungs- und Versuchsschiff.

Erste Besprechungen mit Vertretern der Kaiserlichen Werft in Kiel fanden am 27. August 1918 statt; dabei wurde Übereinkunft darüber erzielt, daß es möglich sein werde, auf ROON mindestens je vier größere und kleinere Flugzeuge unterzubringen. Die Auslastung der Werft ließ jedoch einen frühesten Umbaubeginn ab Anfang des Jahres 1919 zu. Dieser Initiative bereitete das Reichsmarineamt ein baldiges Ende: Im Herbst 1918 erging von ihm die Entscheidung, daß ROON als Ausbildungsschiff nicht entbehrlich ist.

Einmal mehr hatte sich das frontferne Reichsmarineamt über berechtigte Forderungen der Front hinweggesetzt. Aber zu diesem Zeitpunkt war es ohnehin längst zu spät: Nur wenige Wochen später endete der Krieg mit der Niederlage des deutschen Kaiserreiches.

Von diesem Projekt blieb lediglich so viel erhalten, daß Erich Gröner, Autor des Werkes "Die deutschen Kriegsschiffe 1915 - 1945", daraus eine Typskizze anfertigen konnte. Demzufolge war der Ausbau der beiden 21 cm-Zwillingstürme und die Errichtung einer 46 m langen, 27 m breiten und über 8 m hohen Flugzeughalle an Oberdeck vorgesehen; in dieser sollten bis vier Schwimmerflugzeuge abgestellt werden. Bemerkenswert daran war, das Ein- und Ausbringen der Flugzeuge nicht nur von beiden Seiten her möglich sein sollte, sondern auch von achtern über das Heck. An den Hallenseitenwänden gab es vier Ladebäume, welche für das Hantieren der Flugzeuge zur Verfügung standen. Dem Wunsch nach einer erfolgversprechenden Selbstverteidigungsfähigkeit wurde dadurch Rechnung getragen, daß von den zehn ursprünglich vorhandenen 15 cm-Geschützen sechs erhalten werden sollten. Die ROON wurde am 25. November 1920 gestrichen und 1921 in Kiel abgebrochen.

Deplacement (Konstruktion)	ts	9.533
Länge ü.a.	m	127,80
Breite max.	m	20,20
Tiefgang max.	m	7,76
Antriebsanlage		Kolbendampfmaschinen
Wellen		3
Antriebsleistung	PS	19.000
Geschwindigkeit	kn	21,0
Flugzeuge		4
Bewaffnung		6 15-cm, 6 8,8-cm-Flak

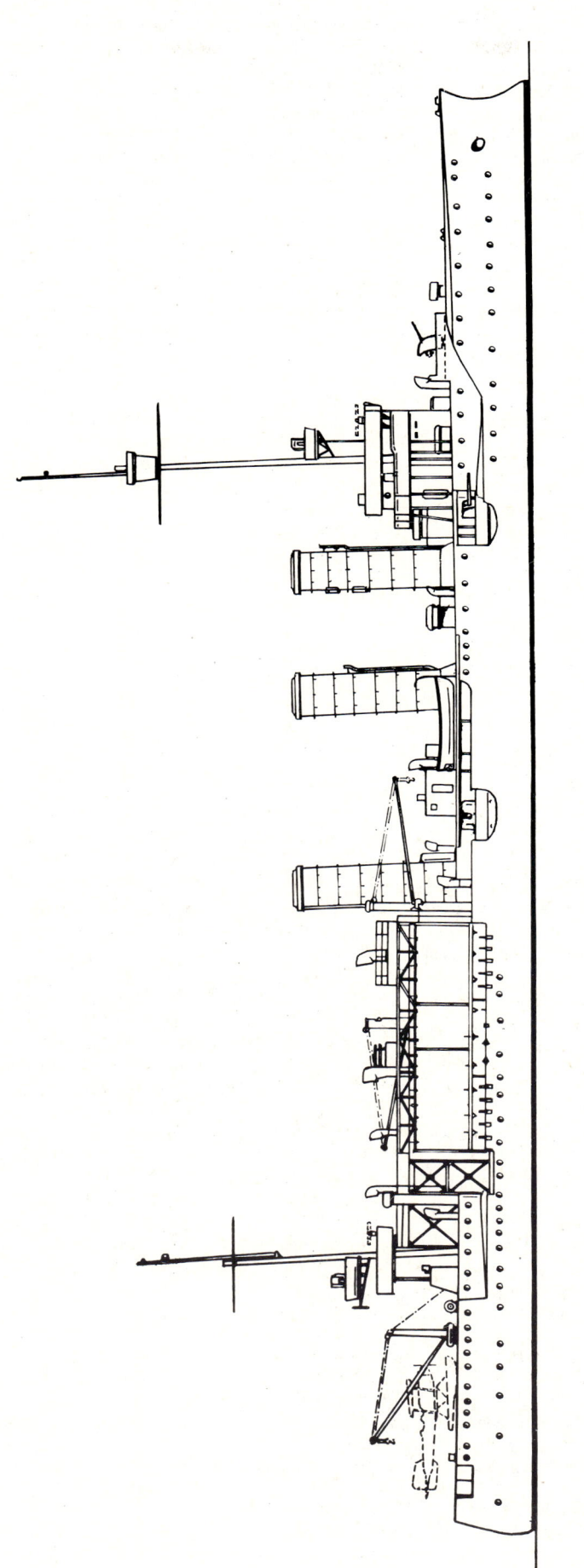

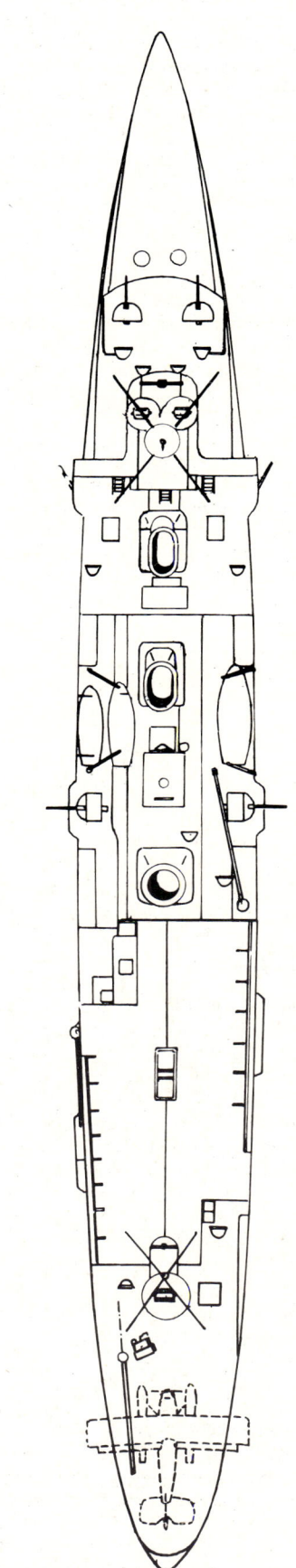

Kreuzer STUTTGART als Flugzeugmutterschiff, Seitenansicht und obere Ansicht.

17

FRANKREICH

FOUDRE

Die Franzosen bauten 1911/12 den seit 1897 im Dienst stehenden und inzwischen veralteten Geschützten Kreuzer FOUDRE zum Flugzeugmutterschiff um, nachdem sie bereits 1905 mit Versuchen begonnen hatten, das Flugzeug der Marine nutzbar zu machen.

Die FOUDRE erhielt dazu hinter dem dritten Schornstein einen 13,74 m langen, 9 m breiten und knapp 4 m hohen Hangar und wurde damit weltweit das erste Schiff, auf dem ein solcher errichtet wurde.

Zum Aus- und Einsetzen bediente man sich der üblichen bordeigenen Ladebäume.

Kurz vor Kriegsbeginn schien in den Überlegungen der Marineführung die eigene Entwicklung soweit fortgeschritten, daß auch an Versuche gedacht werden konnte, Flugzeuge von Bord aufsteigen zu lassen.

Hierzu ist auf der FOUDRE über dem Vorschiff eine leicht geneigte Abflugplattform von 24,70 m Länge und 8 m Breite errichtet worden. Von ihr startete erstmals am 8. Mai 1914 ein durch Unterbauen eines Räderfahrgestells zu einem Amphibium gewordenes Schwimmerflugzeug. Einige Starts gelangen, ein einziger ging daneben.

Der Ausbruch des Krieges ließ dann anderes in den Vordergrund treten, die Versuche wurden nicht weitergeführt. Erst nach dem Krieg hat man sie wieder aufgenommen, wozu der Aviso BAPAUME entsprechend hergerichtet worden ist. Die FOUDRE diente im Krieg als Uboottender, eine Rolle im Marineflugwesen hat sie danach nicht mehr gepielt. Am 1. Dezember 1921 gestrichen, ist sie im folgenden Jahr abgebrochen worden.

Deplacement (normal)	ts	5.971
Länge ü.a.	m	118,70
Breite max.	m	17,20
Tiefgang max.	m	7,20
Antriebsanlage		Kolbendampfmaschine
Wellen		1
Antriebsleistung	PS	11.800
Geschwindigkeit	kn	19,6
Flugzeuge		4 - 8
Bewaffnung		8 10 cm, 4 6,5 cm, 4 4,7 cm

Französisches Flugzeugmutterschiff FOUDRE.

CAMPINAS

1915 wurde der von der Chargeur Réunis bereederte, in den Jahren 1894 - 1897 in St. Nazaire gebaute Frachtdampfer CAMPINAS zum Flugzeugmutterschiff umgebaut. Er erhielt zwei Oberdeck-Hangars für 6 bis 10 kleine Flugboote oder Wasserflugzeuge.

Seine Verwendung erfolgte ausschließlich im mediteranen Raum (Deplacement 3.919 t, Abmessungen 102,40 x 12,15 x 7,08 m, Dampfkolbenmaschine auf einer Welle mit 1460 PS Leistung, Geschwindigkeit 11,5 kn).

Außerdem wurden zu Hilfs-Flugzeugmutterschiffen noch drei Kanal-Fährschiffe hergerichtet.

Es waren dies die mit Seitenradantrieb (!) ausgestatteten, in den Jahren 1897 - 1899 gebauten NORD und PAS-DE-CALAIS (je 1541 BRT) und die 1911-12 gebaute ROUEN (1656 BRT, Turbinenantrieb). Auf diesen Schiffen konnten je 2 bis 3 Flugzeuge untergebracht werden.

COMMANDANT TESTE

Die Entwicklung des Bordflugzeugwesens ließ es in Frankreich in den ersten 20er Jahren angezeigt sein, ein Spezialschiff zu beschaffen, welches befähigt ist, erstens Wasserflugzeuge (oder Flugboote) in seine weit verzweigten überseeischen Besitzungen zu transportieren, zweitens die auf Schlachtschiffen und Kreuzern eingeschifften Bordflugzeuge zu warten und instandzusetzen sowie mit Treibstoff und Munition zu versorgen und drittens für sie auch Reserveflugzeuge mitzuführen. Diese Forderungen führten zu dem Flugzeugmutterschiff (amtlich: "Transport d´Aviation") COMMANDANT TESTE, das aus den Mitteln des 1926er Haushalts finanziert und im Mai 1927 bei Forges et Chantier de la Gironde in Bordeaux auf Kiel gelegt wurde. Sie wurde damit das erste von Anfang an als solches gebaute Mutterschiff der Welt. Bemerkenswert an ihr war die Ausstattung mit vier Katapulten mit einer Schleuderkraft von je 3.000 kg und der für 26 Schwimmerflugzeuge ausgelegte, in Höhe des Hauptdecks verlaufende Hangar von 84 m Länge, 27 m Breite und 7 m Höhe. Die Katapulte waren so installiert, daß sie um je 180 Grad geschwenkt werden konnten. Das Ausbringen aus dem Hangar besorgten Drehkräne von 5 bis 12 t Hubvermögen durch Hallenluken mit Schiebedach (die vordere an der Backbord-, die hintere an der Steuerbordseite). Gänzlich anders als bisher verfahren ging das Anbordnehmen und das Einbringen in den Hangar vor sich: Zum einen wurde erstmals eine nach dem Patentinhaber als "Hein'sches Landesegel" bezeichnete Einrichtung verwendet. Dieses Landesegel war am Heck installiert und konnte soweit abgerollt werden, bis es in Schleppstellung kam. Diese wurde erreicht, wenn ihr vorderster Teil sich etwa 1 m über Wasser und ihr hinterer unter dem Wasser befand. Hierzu mußte das Schiff je nach Seegang zwischen 7 und 16 kn Fahrt machen. Sobald sich das Flugzeug auf dem Landesegel befand, wurde es von dem Heck-Drehkran an den Haken genommen und an Deck gehievt, um durch eines der beiden Portale (die mit Rolltoren verschlossen wurden) in den Hangar zu gelangen.

Bemerkenswert war dieses Schiff auch in anderer Hinsicht: Erstens verfügte es über einen, wenn auch nur leichten, so aber doch splittersicheren Panzerschutz, und zweitens hatte es eine stattliche Bewaffnung. Mit letzteren hätte es vor allem gegenüber angreifenden Flugzeugen angemessene Überlebenschancen gehabt, aber auch bei der Abwehr von überraschend auftretenden Seestreitkräften. Ein Handicap ging von der Antriebsanlage aus: Es war die Abhängigkeit von Kohlen als Brennstoff: Zwei Kessel hatten Kohlen-, zwei Ölfeuerung. Dieses "Mix" war jedoch weniger auf Einsparungsvorschriften zurückzuführen, sondern primär auf die damaligen Gegebenheiten der Brennstoff-Verfügbarkeit in den weitreichend gestreuten französischen Besitzungen.

COMMANDANT TESTE kam am 12. April 1929 zu Wasser und nahm 1932 seinen Dienst auf. Am 27. November 1942 wurde sie in Toulon von ihrer Besatzung selbstversenkt, um sie nicht in die Hände der Deutschen fallen zu lassen. Die Bergung des Wracks erfolgte 1943 unter italienischer Regie; aber 1944 sank sie, von amerikanischen Bombern getroffen, erneut. 1945-50 hat man sie geborgen. Danach sind zwei Projektvorschläge untersucht worden mit dem Ziel, sie erneut in den Dienst zu stellen:
- Als schnelles Transportschiff für Truppen und gesamter Ausrüstung.
- Als Schulflugzeugträger mit einem 153 m langen Flugdeck und 12 Flugzeugen.

Keiner dieser Vorschläge fand Zustimmung. Am 15. Mai 1950 wurde das Schiff gestrichen, aber es fand danach noch jahrelang Verwendung als stationäres Vorratsschiff für die U.S.Army. Erst 1963 kam es zum Abbruch.

Deplacement (Standard)	ts	10.000
Länge ü.a.	m	167,00
Breite max.	m	27.00
Tiefgang max.	m	6,93
Antriebsanlage		Dampfturbinen
Wellen		2
Antriebsleistung	PS	21.000
Geschwindigkeit	kn	20,5
Flugzeuge		26
Bewaffnung		12 10-cm-Flak, 8 3,7-cm-Flak, 12 FlaMG
Panzerung Wasserlinie	mm	50
Horizontal	mm	30

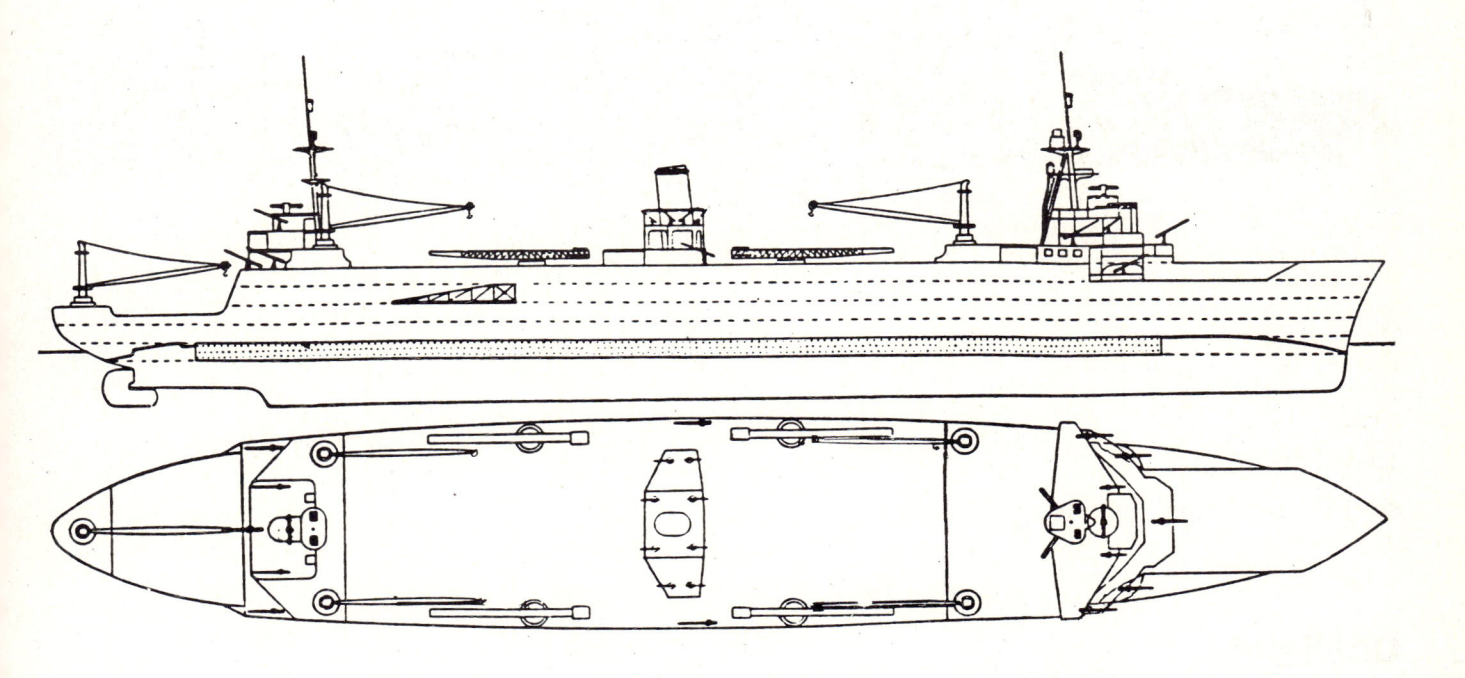

Flugzeugmutterschiff COMMANDANT TESTE, Seitenansicht und obere Ansicht. Wasserlinienpanzer und Panzerdeck sind schematisch eingezeichnet.

Flugzeugmutterschiff COMMANDANT TESTE aus verschiedenen Blickwinkeln.

JAPAN

WAKAMIYA

Die Anfänge der japanischen Militärluftfahrt gehen bis auf etwa 1909 zurück. Die Marine stand dieser Entwicklung von vorneherein sehr aufgeschlossen gegenüber. 1913 wurde daher ein ihr im Russisch-Japanischen Krieg als Prise zugefallener Frachtdampfer - die 4421 BRT große WAKAMIYA MARU (ex britisch LETHINGTON) - dazu ausersehen, einige Wasserflugzeuge mitzuführen.

Damit konnte sie erstmals 1913 an Flottenmanövern teilnehmen. Ein Jahr später war sie an den Operationen gegen die deutsche Kolonie Tsingtau beteiligt. Die auf ihr eingeschifften Flugzeuge wurden auf herkömmliche Weise durch bordeigene Hebezeuge aus- und wieder eingesetzt. Seit 1915 diente sie dann - jetzt ohne das MARU im Namen - als Depotschiff für Wasserflugzeuge; dazu wurden an Oberdeck zwei provisorische, mit Segeltuch bespannte Flugzeughangars errichtet. Von April bis Juni ist sie dann in Yokosuka mit einer 20 m langen Abflugplattform über dem Vorschiff ausgestattet worden. Dies gab der japanischen Marineleitung den Anlaß, die WAKAMIYA zum "Flugzeugträger" umzuklassifizieren. Dennoch wurde sie lediglich als Versuchsschiff verwendet. 1931 folgten Streichung und baldiger Abbruch.

Deplacement (normal)	ts	7720
Länge ü.a.	m	ca. 110,00
Breite max.	m	14,68
Tiefgang normal	m	5,79
Antriebsanlage		Dampfkolbenmaschine
Wellen		1
Antriebsleistung	PS	1.600
Geschwindigkeit	kn	9,5
Flugzeuge		4
Bewaffnung		2 7,6-cm, 2 4,7-cm-Flak

Japanisches Flugzeugmutterschiff WAKAMIYA.

NOTORO-Klasse

Die Japaner, von Natur her allem Neuen aufgeschlossen gegenüberstehend, scheinen schon am Ende des Ersten Weltkrieges den tatsächlichen Wert von schiffsgestützten Luftstreitkräften erkannt zu haben. Sie gingen nicht nur an die Beschaffung spezieller Trägerflugzeuge und an den Bau von Flugzeugträgern heran, sondern maßen - anders als in den meisten übrigen Staaten - auch dem Wasserflugzeug eine Kampfrolle zu.

Dieses Denken und Handeln wurde wohl durch die Insellage geprägt und führte 1924 dazu, daß zwei ganz neue Flottentanker der SHIRETOKO-Klasse umgebaut wurden, und zwar die NOTORO zum Flugzeugmutterschiff und die TSURUMI zum Flugzeugtransporter (letztere wurde jedoch schon 1931 zum Flottentanker "zurückgebaut"). Der Umbau war nicht sehr aufwendig und beschränkte sich auf die Errichtung eines Hallendachs über dem Ladedeckbereich vor und hinter dem Brückenhaus, wo die mitgeführten Flugzeuge untergestellt wurden. Ihre Handhabung erfolgte durch Ladebäume.

Die Kriegslage erzwang Ende 1942 den Rückbau auch der NOTORO zum Flottentanker. In den Jahren 1943 und 1944 ist sie bei Luftangriffen beschädigt worden, überlebte aber das Kriegsende. 1947 hat man sie gestrichen und bald darauf abgebrochen.

Deplacement (Standard)	ts	14.050
Länge ü.a.	m	143,45
Breite max.	m	17,68
Tiefgang max.	m	8,08
Antriebsanlage		Dampfkolbenmaschine
Wellen		1
Antriebsleistung	PS	5.850
Geschwindigkeit	kn	12,0
Flugzeuge		8
Bewaffnung		2 12-cm, 2 7,6-cm-Flak

Flugzeugmutterschiff NOTORO von Steuerbord querab gesehen.

KAMOI

Wenige Jahre nach der Indienststellung der NOTORO wurde die Beschaffung eines zweiten Flugzeugmutterschiffes eingeleitet. Aus Kostengründen entschied man sich dafür, wiederum ein bereits vorhandenes und geeignetes Schiff in die Wahl zu nehmen und es, fundierend auf dem Standard der NOTORO, zum Flugzeugmutterschiff umzubauen. Die Wahl fiel auf einen 1921-22 in den USA gebauten Öltanker, der bisher als Flottentanker unter dem Namen KAMOI fuhr. Den Umbau hat 1932-33 Uraga & Co. in Tokio durchgeführt. Gegenüber der NOTORO war die Aufnahmekapazität an Flugzeugen um ein Drittel auf zwölf gesteigert worden. Diese sind auf einer Fläche von etwa 1.200 qm an Oberdeck über den Laderäumen abgestellt worden; über ihnen wurde eine "Überdachung" wie auf der NOTORO errichtet, so daß auch hier eine "Halle" ohne Seitenwände entstand.

Ihre Versorgerfähigkeiten blieben dennoch erhalten: In ihren Bunkern und Zellen führte sie bis zu 2.500 t Kohlen und 10.000 t Öl zur Abgabe mit. 1936/37 erhielt das Schiff versuchsweise eine Landesegel-Anlage, um über das Heck Flugzeuge aufnehmen zu können.

Bis 1940 diente die KAMOI als Tender für Flugboote, 1943 hat man sie, der Not gehorchend, zum Flottentanker zurückbauen müssen. Als solcher wurde sie in Hong Kong durch Bombentreffer schwer beschädigt. 1947 ist sie abgebrochen worden.

Deplacement (Standard)	ts	17.000
Länge ü.a.	m	151,18
Breite max.	m	20,42
Tiefgang max.	m	8,43
Antriebsanlage		Turboelektrisch
Wellen		2
Antriebsleistung	PS	9.000
Geschwindigkeit	kn	15,0
Flugzeuge		12
Bewaffnung		2 14-cm, 2 7,6-cm-Flak

Flugzeugmutterschiff KAMOI.

CHITOSE-Klasse

Die infolge der Flottenverträge von Washington (1922) und London (1930) ins Hintertreffen gekommene japanische Marine strebte in den ersten 30er Jahren einen Kräfteausgleich an, indem sie auf nicht begrenzte Kategorien und Hilfsschiffe auswich. Es wurde daher eine Anzahl von Flottenhilfsschiffen entworfen, die insgeheim in ihrer Gesamtkonzeption so gestaltet waren, daß sie bei Bedarf umgebaut werden konnten und dadurch eine "Wertsteigerung" erfuhren. Hierzu gehörten die bei der Marinewerft in Kure umgebauten CHITOSE und CHIYODA, die am 29. November 1935 resp. 19. November 1937 vom Stapel liefen und am 25. Juli 1938 resp. 15. Dezember 1938 in Dienst gestellt wurden.

Sie waren die ersten von Anfang an als solche entworfenen Flugzeugmutterschiffe der japanischen Marine und bis dahin weltweit die größten ihrer Kategorie.

Eine Besonderheit war ihre hohe Geschwindigkeit (was der Öffentlichkeit gegenüber jedoch verschwiegen wurde!); im Hintergrund stand die Absicht, diese Schiffe im Bedarfsfall umzubauen, etwa zu Uboottendern, schnellen Flottentankern und gar Flugzeugträgern.

Beide waren befähigt, bis zu 24 Wasserflugzeuge aufzunehmen. Für ihren Start standen vier Katapulte zur Verfügung, zu denen konzentrisch Verschiebegleise hinführten. Im Mittelschiff wurde nach dem Vorbild der vorangegangenen Flugzeugmutterschiffe eine an allen Seiten offene Hallenkonstruktion von 38 m Länge, 18,3 m Breite und gut 7 m Höhe errichtet.

Durch diese lief die in der Symmetrieachse angelegte Hauptgleisspur; sie überquerte den unmittelbar dahinter liegenden Flugzeugaufzug (Abmessungen: Länge ca. 9 m, Breite ca. 11 m) und verzweigte sich durch Weichen und Drehscheiben so, daß nicht nur die vier Katapulte daran angeschlossen wurden, sondern sie auch zum Abstellen von Flugzeugen genutzt werden konnten. Insgesamt hatte das Oberdeck-Gleissystem eine Länge von mehr als 300 m.

Unter dem Oberdeck befand sich ein Hangar, in welchem weitere Gleisspuren verlegt waren. Dieser Hangar war etwas über 90 m lang und erreichte bis zu 12 m Breite. Am Heck war eine Hein'sche Landesegel-Einrichtung vorgesehen, doch scheint diese nicht mehr eingebaut worden zu sein. Gleichwohl konnten Flugzeuge auch heckseitig

an Bord genommen werden; dafür stand dort ein Drehkran zur Verfügung. Der Bordflugbetrieb lief wie folgt ab: Die zum Einsatz aufgerufenen Flugzeuge wurden aus dem Hangar per Aufzug auf das Oberdeck gebracht, in der "Halle" betankt und flugfertig gemacht und danach auf eines der Katapulte geschoben und gestartet. Von ihrem Einsatz zurückkehrend, wasserten sie nahe am Schiff und wurden per Kran wieder an Bord genommen und im Hallendeck abgestellt.
1941 erfolgte ein Umbau, durch den beide Schiffe befähigt wurden, bis zu 12 Kleinst-Uboote an Bord zu nehmen. Hierzu wurde das Heck geändert: In ihm wurde eine portalähnliche Öffnung eingeschnitten, durch die eine Aufschleppe (ähnlich wie bei einem Walfang-Mutterschiff) direkt in das Hangardeck führte. Das Portal konnte durch ein Zweiflügeltor geschlossen werden. Diese Modifizierung hatte verständlicherweise die Halbierung des Fluzeugbestandes zur Folge.
1943-44 wurden beide Schiffe zu Leichten Flottenträgern umgebaut. Hierüber wird in einem kommenden Sonderband des "Marine-Arsenal" berichtet.

Deplacement (Standard)	ts	11.023
Länge ü.a.	m	183,90
Breite max.	m	18,90
Tiefgang max.	m	7,21
Antriebsanlage		Getriebeturbinen + Dieselmotoren
Wellen		2
Antriebsleistung	PS	44.000 + 12.800
Geschwindigkeit	kn	29,0
Flugzeuge		24 (später 12 + 12 Kleinst-Uboote)
Bewaffnung		4 12,7-cm, 12 2,5-cm-Flak

Flugzeugmutterschiff CHIYODA, Brückenaufbauten.

Das Achterdeck der CHIYODA.

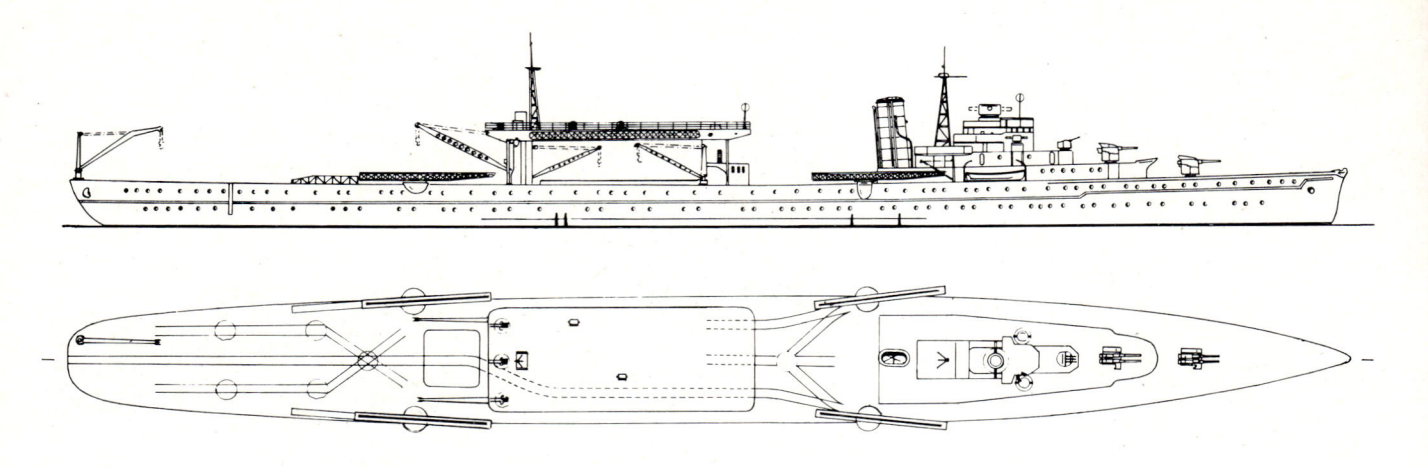

Die CHIYODA-Klasse, Seitenansicht und obere Ansicht.

Eine Luftaufnahme der CHIYODA in der Südchinesischen See, aufgenommen im September 1939.

CHIYODA auf Probefahrt am 10. November 1938 unweit Cape Sada.

Die vordere Schiffshälfte der CHIYODA, aufgenommen im April 1940.

Die CHIYODA im April 1940 in Shanghai.

MIZUHO

Auf die beiden Einheiten der CHITOSE-Klasse folgte im Rahmen des 1937er Haushalts ein drittes Schiff, MIZUHO. In Größe, Hauptabmessungen, Linienriß und funktionsrelevanter Gestaltung war es nahezu identisch.

Ursprünglich sollte es mit 27 kn fast ebenso schnell werden, doch entschloß man sich doch zum reinen Motorenantrieb, womit nur noch 22 kn Geschwindigkeit zu erreichen war. Anders als die beiden Vorgänger war die MIZUHO von vorneherein für die alternative Mitnahme von 12 Kleinst-Ubooten (dann nur 12 Flugzeuge an Bord) eingerichtet. Wohl deshalb war auf die alternative Rolle als schneller Flottentanker verzichtet worden, was eine geringere Geschwindigkeit akzeptabel erscheinen ließ.

Den hallenförmigen Überbau wie auf der CHITOSE-Klasse hat die MIZUHO nicht erhalten, sondern nur deren vorderen und hinteren paarweise angeordneten Portalelemente (die durch Querplattformen miteinander verbunden waren). In den beiden hinteren Pfosten waren die Abgasführungen aus den Motorenräumen integriert, so daß sie gleichzeitig die Funktion von Schornsteinen hatten. Mit dem Bau der MIZUHO war die Kawasaki-Werft in Kobe beauftragt worden. Die Kiellegung fand im Mai 1937 statt, der Stapellauf am 6. Mai 1938 und die Indienststellung am 25. Februar 1939. Wohl dürfte die Absicht bestanden haben, auch die MIZUHO zum Flugzeugträger umzubauen, aber dazu ist es nicht mehr gekommen: Schon am 25. Februar 1942 - keine drei Monate nach Kriegsbeginn - ging sie südlich der Insel Honshu durch Torpedotreffer des amerikanischen UBootes DRUM verloren.

Deplacement (Standard)	ts	10.929
Länge ü.a.	m	183,90
Breite max.	m	18,80
Tiefgang max.	m	7,10
Antriebsanlage		Dieselmotoren
Wellen		2
Antriebsleistung	PS	15.200
Geschwindigkeit	kn	22
Flugzeuge		24 (später 12 + 12 Kleinst-Uboote)
Bewaffnung		6 12,7-cm, 12 2,5-cm-Flak

Flugzeugmutterschiff MIZUHO 1939 in Tsingtao.

Die vordere Schiffshälfte der MIZUHO; Blick auf Brückenaufbauten und vorderes Steuerbord-Katapult.

Das Steuerbord-Achterschiff der MIZUHO mit vier bereitgestellten Schwimmerflugzeugen, das vorderste auf einem der Katapulte.

NISSHIN

Nach mehr als einjährigem Abstand wurde im November 1938 der Kiel des vierten Flugzeugmutterschiffes, NISSHIN, gestreckt. Bauwerft war die Marinewerft in Kure. Der Stapellauf fand am 30. November 1939 statt. Die Fertigstellung zog sich indessen wegen der Schwerpunktverlagerung in der Marinerüstung hin. Erst am 27. Februar 1942 - drei Monate nach dem Beginn des Krieges im Pazifik - konnte die Indienststellung vorgenommen werden.

In Größe, Hauptabmessungen, Linienriß und funktioneller Gestaltung entsprach die NISSHIN ihrer Vorgängerin MIZUHO. Aber abweichend von deren Entwurf hatte man mit der NISSHIN einen echten Mehrzwecktyp geschaffen: außer als Flugzeugmutterschiff war ihr noch die Rolle eines schnellen Minenlegers zugewiesen: an Stelle von 8 der 20 an Bord aufzunehmenden Flugzeuge konnten im Hangar und auf dem Oberdeck insgesamt bis zu 700 Minen an Bord genommen werden. 1942 wurde die NISSHIN zudem noch für die Mitnahme von Kleinst-Uboten eingerichtet.

Auch dieses Schiff erhielt Dieselmotoren als Antriebsanlage. Inzwischen war die japanische Motorenentwicklung soweit vorangekommen, daß Motoren eines neuen, leistungsstärkeren Typs zur Verfügung standen: Die sechs in die NISSHIN eingebauten Diesel gaben dreimal soviel Leistung ab wie die vier auf der MIZUHO. Damit ließen sich 28 kn erreichen, fast soviel wie die CHITOSE-Klasse mit ihrer gemischten Anlage schaffte. Die Motorabgasführungen waren in die beiderseits vorderen Bordkran-Fundamente ähnlich wie auf MIZUHO einbezogen. Querschiffs verlaufende Plattformen verbanden die Fundamentpaare miteinander, aber eine "Überdachung" des Betankungsbereiches gab es auch auf diesem Schiff nicht mehr. Im übrigen war der funktionelle Ablauf mit dem der vorangegangenen Schiffe gleich.

Die NISSHIN war typmäßig der auf dem höchsten Niveau angesiedelte japanische Vertreter seiner Kategorie: Außer als Flugzeugmutterschiff, Klein-Uboot-Mutterschiff und Minenleger zeigte sie deutliche Ansätze zum "Flugzeugkreuzer": Sie verfügte über die artilleristische Komponente eines Leichten Kreuzers (bzw. Minenkreuzers), welche den vorangegangenen Schiffen fehlte. Diese bestand aus sechs 14 cm-Geschützen in drei Doppeltürmen, die auf dem Vorschiff in der Anordnung wie auf den Kreuzern der MOGAMI-Klasse gruppiert waren. Diese Geschütze waren nicht für die Flugabwehr geeignet, sondern zum Einsatz gegen See- und Landziele. Ob ein Umbau der NISSHIN zum Flugzeugträger bei entprechendem Bedarf zur Debatte gestanden hätte, wird sich heute nicht mehr klären lassen. Es ist aber sehr unwahrscheinlich, daß es dazu gekommen wäre, denn noch 1942 wurden zwei verbesserte Einheiten der NISSHIN-Klasse (Baunummern 863 - 864, Standarddeplacement 13.500 ts) in das Kriegsbauprogramm aufgenommen (begonnen worden ist aber keines von ihnen), und das signalisierte, daß an diesem Typ festgehalten werden sollte.

Die NISSHIN wurde im Krieg auch als schneller Truppentransporter verwendet. Bei einem solchen Einsatz ging sie am 22. Juli 1943 bei Bougainville durch Bombentreffer amerikanischer Flugzeuge verloren.

Deplacement (Standard)	ts	11.317
Länge ü.a.	m	188,00
Breite max.	m	19,70
Tiefgang max.	m	7,00
Antriebsanlage		Dieselmotoren
Wellen		2
Antriebsleistung	PS	47.000
Geschwindigkeit	kn	28,0
Flugzeuge		20 (später 12 + 700 Minen oder 12 + 12 Kleinst-Uboote)
Bewaffnung		6 14-cm, 18 2,5-cm-Flak

Flugzeugmutterschiff NISSHIN. Beachtenswert ist die kreuzermäßige Bewaffnung auf dem Vorschiff.

AKITSUSHIMA

Der Bau spezieller Flugzeug-Mutterschiffe wurde in Japan erst verhältnismäßig spät begonnen. Die ihnen zugewiesene Aufgabe war, Langstrecken-Flugbooten in weit gelegenen Gebieten den notwendigen Versorgungs- und Instandsetzungs-Rückhalt zu geben. Als erstes Schiff wurde die AKITSUSHIMA in Auftrag gegeben; Bauwerft war Kawasaki in Kobe.
Die Kiellegung erfolgte 1940, der Stapellauf ein Jahr später. Am 30. April 1942 konnte die Indienststellung vorgenommen werden.
Der Auftrag für ein zweites Schiff, CHIHAYA, war zwar erteilt worden, ist aber aus kriegsbedingten Gründen suspendiert worden; für drei weitere (Baunummern 5031 bis 5033) sind die Aufträge nicht mehr herausgegangen. Das Achterdeck war so groß bemessen, daß darauf ein großes Flugboot Platz fand. Für seine Handhabung stand am Heck ein Drehkran von 21,65 m maximaler Auslage zur Verfügung. Dazu gab es Werkstätten, Verbrauchsstoffvorräte, Ersatzteile und Unterkünfte für Flugbootbesatzungen. Ein Katapult war entgegen anders lautenden Informationen nicht installiert worden. Die AKITSUSHIMA ging am 24. September 1944 im Pazifik durch Bombentreffer verloren.
Vorgesehen waren im 1942er Kriegsbauprogramm noch ein kleinerer Bautyp (Baunummern 803 - 808, 3.300 ts) und ein größerer (Baunummer 809, 11.000 ts). Die Aufträge wurden ebenfalls nicht mehr erteilt.

Deplacement (Standard)	ts	4.650
Länge ü.a.	m	114,80
Breite max.	m	15,80
Tiefgang	m	5,40
Antriebsanlage		Dieselmotoren
Wellen		2
Antriebsleistung	PS	8.000
Geschwindigkeit	kn	19,0
Bewaffnung		4 12,7-cm,10 2,5-cm-Flak

Flugzeugtender AKITSUSHIMA.

Hilfs-Flugzeugmutterschiffe

Teils schon ab 1936/37, teils noch kurz vor dem Kriegseintritt Japan ist damit begonnen worden, zivile Frachtschiffe zu Flugzeugmutterschiffen einzurichten. Sie erhielten zunächst zwei Seezielgeschütze 14 oder 15 cm Kaliber (meist aus arsenalisierten Beständen alter Kreuzer und anderer Schiffe stammend), einige wenige FlaWaffen leichten Kalibers und ein oder zwei Katapulte. Hangars wurden nicht errichtet, die Flugzeuge an Oberdeck abgestellt. Ihr Aus- und Einsetzen erfolgte mit bordeigenen Ladebäumen. Im einzelnen handelte es sich um vier Klassen mit zusammen 9 Schiffen.
1. KAGU MARU-Klasse: 2 Motorfrachtschiffe (7.000 PS, 19,7 kn): KAGU MARU (8.417 BRT, 1936 v. Stapel) und KINUGASA MARU (8.407 BRT, 1936): Länge ü.a. 137,17 m, Breite max., 18,59 m, Tiefgang maximal 8,77 m, 10 Flugzeuge, kein Katapult, 2 12 cm-Flak. Beide gingen durch Torpedotreffer amerikanischer Uboote verloren: KAGU MARU am 4. November 1942 westlich Luzon (USS BREAM und RAY) und KINUGASA MARU am 7. Oktober 1944 im Südchinesischen Meer (USS BAYA und HAWK BILL).
2. KAMIKAWA MARU-Klasse: 4 Motorfrachtschiffe (sämtlich 1937 vom Stapel, 6.853 - 6.863 BRT, 7.500 PS, 19,5 kn): KAMIKAWA MARU (gesunken am 28. April 1943 durch Torpedotreffer des amerikanischen Ubootes SCAMP), KIYOKAWA MARU (25. Juli 1945 nach Bombentreffer auf Strand gesetzt), KIMIKAWA MARU (23. Oktober 1944 westlich Luzon durch Torpedotreffer des amerikanischen Ubootes SAW FISH versenkt) und KUNIKAWA MARU (30. April 1945 in der Makassar-Straße durch Bombentreffer amerikanischer Flugzeuge versenkt). Länge ü.a. 146,15 m, Breite max. 19,00 m Tiefgang max. 8,23 kn, 12 Flugzeuge, 2 Katapulte, 2 15 cm, 4 13,2 mm-FlaMG.
3. SAGARA MARU-Klasse: 2 Frachtdampfer (9.600 PS, 19,6 kn): SAGARA MARU (1940 v. Stapel, 7.189 BRT) und SANUKI MARU (1939, 7.158 BRT): Länge ü.a. 146,22 m, Breite max. 19,00 m, Tiefgang 9,83 m, 12 Flugzeuge, 1 Katapult, 2 15 cm, 2 13,2 mm-FlaMG. SAGARA MARU wurde am 23. Juni 1943 durch Torpedotreffer des amerikanischen Ubootes HARDER schwer beschädigt und auf Strand gesetzt, SANUKI MARU am 28. Januar 1945 durch Torpedotreffer des amerikanischen Ubootes SPADEFISH versenkt.
4. SANYO MARU-Klasse: 1 Frachtdampfer SANYO MARU (1930 vom Stapel, 8.360 BRT, Länge ü.a. 135,94 m, Breite max. 18,44 m, 7.200 PS, 18,55 kn, 11 Flugzeuge, 1 Katapult, 2 15 cm, 2 13,2 mm-FlaMG). Dieses Schiff ging am 26. Mai 1944 bei Celebes durch Torpedotreffer des amerikanischen Ubootes SPADEFISH verloren.

USA

SHAWMUT und AROOSTOOK

Diese beiden, 1907 auf der William Cramp-Werft in Philadelphia als Frachtdampfer für den zivilen Dienst gebauten Einheiten führten ursprünglich die Namen MASSACHUSETTS resp. BUNKER HILL und waren 1917 für die USA Navy angekauft worden und zu Minenlegern für den Einsatz in den europäischen Kriegsschauplätzen umgebaut worden, wo sie ab Juni 1918 unter den Navy-Namen SHAWMUT resp. AROOSTOOK zum Kriegseinsatz kamen. Nachdem der Krieg zu Ende war, gab es für sie in der Minenlegerrolle keine Verwendung mehr. Die SHAWMUT wurde daher im Januar 1919 dazu betimmt, als Tender, Werkstatt- und Basisschiff für ein Marineflieger-Detachement der Atlantikflotte zu dienen. Anfang 1920 fiel auch für die AROOSTOOK die Entscheidung: sie erhielt die gleiche Aufgabe und wurde der Pazifikflotte zugewiesen.

Die SHAWMUT versah ihren Dienst als Flugzeugtender bis zum Ende des Jahres 1927; sie war ohne größere Änderungen und Umbauten dafür eingerichtet, bis zu 5 Flugboote zu versorgen und sechs Sperrballone zu warten. Am 1. Januar 1928 mußte sie diese Rolle aufgeben und wurde wieder Minenleger, wobei sie den Namen OGLALA erhielt. Am 7. Dezember 1941 sank sie in Pearl Harbour durch Bombentreffer japanischer Trägerflugzeuge, wurde dann aber geborgen und nach Instandsetzung als Werkstattschiff weiterverwendet. 1946 ist sie zwar gestrichen worden, übernahm dann aber eine Rolle als Depotschiff für die Reserveflotte und wurde erst 1965 abgebrochen. Die Rolle der AROOSTOOK als Flugzeugtender war vor allem durch unterstützende Mitwirkung bei zahlreichen Versuchen geprägt. Im März 1931 wurde sie außer Dienst gestellt. Eine weitere Rolle fand sie danach durch die Weiterverwendung als Transporter. 1948 erfolgte die Streichung aus der Flottenliste.

Deplacement (Standard)	ts	3.746 - 3.800
Länge ü.a.	m	126,90
Breite max.	m	17,10
Tiefgang max.	m	5,10 - 5,20
Antriebsanlage		Dampfkolbenmaschinen
Wellen		2
Antriebsleistung	PS	14,0 (1400)
Flugzeuge		2
Bewaffnung		1 12,7-cm, 2 7,6-cm-Flak

LANGLEY

Über dieses Schiff ist in "Marine-Arsenal" Sonderband 7 berichtet worden; damit erübrigen sich hier weitere Ausführungen.

WRIGHT

Aus elf noch größtenteils unfertigen Armee-Transportschiffen wurde im Juni 1920 eines von diesen, die SOMME, von der U.S.Navy übernommen und zum Ballon-Mutterschiff WRIGHT umgebaut. Seine Rolle war es, die neuerdings auf Schlachtschiffen mitzuführenden und auf Reede- und Ankerpositionen auszubringenden Sperrballone - mit denen angreifenden Flugzeugen das Herankommen zum gezielten Bombenwurf erschwert werden sollte - zu warten und Ersatzballone, Traggasvorräte und anderes benötigtes Material mitzuführen.

Von diesen Sperrballons kam man schon bald wieder ab; es wurde daher der Umbau zum Flugzeugmutterschiff/Flugzeugtender beschlossen; er begann 1922 und konnte bis November 1923 abgeschlossen werden. Die Mitnahme- und Betreuungskapazitäten waren auf maximal zwölf Wasserflugzeuge ausgelegt. Hangars gab es nicht, die Flugzeuge konnten nur auf den Ladedecks vor und hinter den Aufbauten abgestellt werden. Zu ihrer Handhabung standen Ladebäume zur Verfügung.

Die WRIGHT diente während des Zweiten Weltkrieges zwar vornehmlich als Truppen- und Materialtransporter, ihre Rolle als Flugzeugtender behielt sie jedoch bei. Am 1. Oktober 1944 erfolgte die Umklassifizierung zum Hilfsschiff, am 1. Februar 1945 die Umbenennung in SAN CLEMENTE (der bisherige Name ging an einen Flugzeugträger-Neubau über). 1948 folgten die Außerdienststellung und der alsbaldige Abbruch.

Deplacement (normal)	ts	8.400
Länge ü.a.	m	136,50
Breite max.	m	17,7
Tiefgang max.	m	8,20
Antriebsanlage		Dampfturbinen
Wellen		1
Antriebsleistung	PS	6.000
Geschwindigkeit	kn	15,0
Flugzeuge		12
Bewaffnung		2 12,7-cm, 2 7,6-cm-Flak

CURTISS-Klasse

Im Hinblick auf die japanische Expansionspolitik legte die U.S.Navy in der Mitte der 30er Jahre ein umfangreiches Hilfsschiffsprogramm vor, das die Forderungen von 58 Einheiten mit zusammen 891.000 t vorsah, darunter vier 10.500 ts-Seaplane Carrier. Mit ihnen sollte die See-/Luftpräsenz in den weit gestreuten Interessengebieten im Pazifik stärker als bisher zur Geltung gebracht werden können. Zwar scheiterte die Vorlage im ersten Anlauf, aber 1937 und 1938 konnten zwei von ihnen durchgesetzt werden: CURTIS (AV4) und ALBEMARLE (AV 5). Ihr Bau wurde der New York Shipbuilding Co. übertragen. Die Kiellegungen fanden 1938 resp. 1939 statt, zu Wasser kamen sie am 20. April 1940 resp. 15. November 1940, und ihren Dienst nahmen sie am 20. Dezember 1940 resp. 15. November 1940 auf. Beide waren dazu bestimmt und ausgelegt, je 24 Wasserflugzeuge an Bord zu nehmen und umfassend logistisch zu betreuen, vor allem durch Wartung und Instandsetzung, aber auch mit Flugbetriebsstoff.

Äußeres Hauptmerkmal dieser Schiffe war der in ihre Deckaufbauten integrierte Hangar; seine Länge betrug knapp 33 m. Er nahm die gesamte Oberdecksbreite (ca. 21 m) in Anspruch, und seine Höhe von etwa 8 m ließ es zu, einen Teil der reparaturbedürftigen Flugzeuge platzsparend unter die Hangardecke zu hängen und auf Arbeitsbühnen an ihnen zu arbeiten. Auf dem mit überschlägig 800 qm Fläche bemessenen Achterdeck wurden die einsatzbestimmten Flugzeuge aufgetankt, aufmunitioniert und bereitgestellt. Katapulte standen für sie nicht zur Verfügung; auch mit Landesegeln konnten sich die Amerikaner nicht anfreunden. Das Aus- und Wiedereinsetzen besorgten Drehkräne mit 20 m langen Auslegern. Diese Schiffe hatten zwar keine Panzerung, waren aber dennoch nicht ganz ohne defensiven Eigenschutz: Im Bereich der Antriebsanlagen und der Flugbetriebsmittel-Vorräte hatten sie ein ihrer Größe nach angemessenes Unterwasserschutzsystem.

Beide Schiffe überstanden den Krieg. CURTISS wurde 1963 gestrichen. Die in den 60er Jahren zum Hubschrauber-Reparaturschiff umgebaute ALBEMARLE - deren Name in CORPUS CHRISTIE BAY geändert wurde - ist nach ihrer Streichung im Jahre 1960 abgebrochen worden.

Deplacement (Standard)	ts	9.090
Länge ü.a.	m	160,73
Breite max.	m	21,11
Tiefgang max.	m	6,50
Antriebsanlage		Dampfturbinen mit Rädergetriebe
Wellen		2
Antriebsleistung	PS	12.000
Geschwindigkeit	kn	18,0
Flugzeuge		24
Bewaffnung		4 12,7-cm, 12 2-cm-Flak (im Krieg verstärkt)

CURTISS-Klasse. Seitenansicht und obere Ansicht.

31

Flugzeugmutterschiff CURTISS, aufgenommen am 11. Oktober 1943 in der San Francisco-Bay.

Flugzeugmutterschiff CURTISS, aber einige Jahre später aufgenommen.

CURRITUK-Klasse

Der Kriegsverlauf 1940 in Europa und die Zuspitzung des Verhältnisses zu Japan bewogen die USA, durch ein am 19. Juli 1940 verabschiedetes Flottenvermehrungsgesetz (als "4. Vinson Bill" bekanntgeworden) die Stärke der Marine um ca. zwei Drittel gegenüber dem bisherigen Stand zu erhöhen. Zwar war ein dritter Seaplane Carrier bereits im Haushalt von 1939 enthalten, aber zusätzlich konnten durch das erwähnte Gesetz noch drei weitere gebaut werden. Bei diesen handelte es sich um die folgenden:

Name (Kennung)	Bauwerft	Baubeginn	Stapellauf	Indienststellung
CURRITUCK (AV 7)	Navy Yard Philadelphia	1941	11.9.1943	26.6.1944
NORTON SOUND (AV 11)	Todd, Los Angeles	1941	28.11.1943	1945
PINE ISLAND (AV 12)	Todd, Los Angeles	1941	26.2.1944	1945
SALISBURY SOUND (AV 13)	Todd, Los Angeles	1941	18.6.1944	1945

Aus dieser Übersicht geht hervor, daß diese Schiffe - außer der CURRITUK selbst - kaum noch im Krieg einsatzbereit wurden. Nach dem Krieg wurde die NORTON SOUND zum Testschiff für schiffsgestützte Waffensysteme umgebaut und verrichtete bis 1986 ihren Dienst. CURRITUK wurde schon 1971 abgebrochen, PINE ISLAND und SALISBURY SOUND sind 1972 gestrichen worden und verfielen bald danach dem Abbruch.

Diese vier Schiffe waren der CURTIS-Klasse sehr ähnlich und unterschieden sich primär von dieser dadurch, daß sie nur noch einen Schornstein hatten. Diese Änderung war auf die Forderung zurückzuführen, ein größeres Flugdeck zu schaffen; sein Areal belief sich auf etwa 1000 qm. Dafür hatte der Hangar in seiner Längsausdehnung um etwa 3 m verkürzt werden müssen. Um seine Abstellfläche optimal ausnutzen zu können, blieb nur der Weg, die Rauchgasführungen aus den beiden Kesselräumen zusammenzulegen und in einen - den vorderen - Schornstein münden zu lassen.

Deplacement (Standard)	ts	9.090
Länge ü.a.	m	164,72
Breite max.	m	21,12
Tiefgang max.	m	6,78
Antriebsanlage		Dampfturbinen mit Rädergetriebe
Wellen		2
Antriebsleistung	PS	12.000
Geschwindigkeit	kn	19,2
Bewaffnung		4 12,7-cm, 8 2,8-cm-Flak

Flugzeugmutterschiff PINE ISLAND 1945.

Die PINE ISLAND etwa 1966 beim Aussetzen eines Flugbootes vom Typ "Marlin".

Flugzeugmutterschiff NORTON SOUND am 1. Januar 1944.

Die NORTON SOUND am 2. August 1945.

Flugzeugmutterschiff SALISBURY SOUND im April 1966.

CHILDS-Klasse

In den Jahren 1938 bis 1940 wurden alte, aus dem Ersten Weltkrieg stammende Zerstörer des "Flushdeck-"-Typs zu Flugzeugtendern umgebaut. Es waren dies:

CHILDS / AVD 1 ex DD 24
WILLIAMSON / AVD 2 ex DD 244*
GEORGE E. BADGER / AVD 3 ex DD 196*
CLEMSON / AVD 4 ex DD 186*
GOLDSBOROUGH / AVD 5 ex DD 188*
HULBERT / AVD 6 ex DD 342*
WILLIAM B. PRESTON / AVD 7 ex DD 344
BELKNAP / AVD 8 ex DD 251*
OSMOND INGRAM / AVD 9 ex DD 255*
BALLARD / AVD 10 ex DD 267
THORNTON / AVD 11 ex DD 270
GILLIS / AVD 12 ex DD 260
GREENE / AVD 13 ex DD 266*
McFARLAND / AVD 14 ex DD 237*

Beim Umbau sind die beiden vorderen Schornsteine einschließlich der Kessel entfernt worden, um Flugbetriebsmittelvorräte für Wasserflugzeuge und Flugboote mitführen zu können. Eine Anbordnahme von Flugzeugen war nicht vorgesehen.
Von den aufgeführten Einheiten wurden die mit einem * gekennzeichneten im Krieg wegen des angestiegenen Bedarfs an Konvoy-Sicherungskräften wieder in die Zerstörerrolle zurückgerüstet.

Deplacement (Standard)	ts	1.190
Länge ü.a.	m	95,98
Breite max.	m	9,40
Tiefgang	m	2,81
Antriebsanlage		Dampfturbinen mit Rädergetriebe
Wellen		2
Antriebsleistung	PS	13.500
Geschwindigkeit	kn	25
Flugzeuge		--
Bewaffnung		2 7,6-cm

Flugzeugtender ABSECON, eine Einheit der BARNEGAT-Klasse, hier mit Katapult und zwei Flugzeugkränen.

BARNEGAT-Klasse

1940 lief der Bau einer Serie von kleinen Flugzeugtendern an; damit wollte man von den kleinen, oft weit entlegenen Inseln und Atollen mehr Unabhängigkeit gewinnen, weil deren logistische Kapazitäten meist unzureichend waren.
Außerdem sollten diese Neubauten in der Lage sein, die Sicherung des großen Seaplane Carriers gegenüber Ubooten und anderen Angreifern übernehmen zu können. Hierzu erhielten sie eine relativ starke Geschützbewaffnung, Ubootabwehrwaffen und Sonar. 16 Einheiten wurden gebaut, Typschiff war die BARNEGAT, die ihren Dienst am 23. Mai 1941 aufnahm.

Deplacement (Standard)	ts	1.830
Länge ü.a.	m	94,72
Breite max.	m	12,52
Tiefgang max.	m	3,78
Antriebsanlage		Dieselelektrisch
Wellen		2
Antriebsleistung	PS	6.080
Geschwindigkeit	kn	20
Flugzeuge		--
Bewaffnung		2 12,7-cm, 12 4-cm-Flak

ITALIEN

ELBA

Der Gedanke, von Kriegsschiffen aus Flugzeuge einzusetzen, geht in Italien bis auf das Jahr 1912 zurück und wurde erstmalig von A. Guidoni, einem Offizier des Konstruktionswesens, formuliert. Von ihm stammte der Vorschlag, den 1888 vom Stapel gelaufenen PIEMONTE entsprechend umzubauen. Sein Entwurf zeigte diesen ohne die achteren Aufbauten, an deren Stelle eine auf Pfosten ruhende, um 8 Grad geneigte Abflugplattform von ca. 47 m Länge und 13 m größter Höhe errichtet werden sollte. Zwar fand dieses Projekt keine Zustimmung, aber dennoch wirkte es befruchtend auf die weitere Entwicklung. Der bald danach ausgebrochene Krieg gab den Anstoß zu weiterem Handeln; daher wurde der 1893 zu Wasser gekommene Kreuzer ELBA - dieser diente seit 1907 als Ballon-Mutterschiff - im Jahr 1915 zum Depotschiff für drei Flugboote hergerichtet. Er erhielt zwischen seinen beiden Schornsteinen ein etwa 16 m langes Wetterdach, unter dem ein Flugboot abgestellt werden konnte. Zwei weitere fanden ihren Platz auf dem über dem Achterschiff neu errichteten, 27,60 m langen Flugdeck. Das Umsetzen von dort unter das Wetterdach und umgekehrt war sehr umständlich und zeitaufwendig und konnte nur bei gestopptem Schiff vorgenommen werden; hierfür stand der vordere der beiden Ladebäume von 12 m Auslage zur Verfügung. Die ELBA wurde 1920 gestrichen und bald danach abgebrochen.

Deplacement (normal)	ts	2.950
Länge ü.a.	m	88,20
Breite max.	m	12,72
Tiefgang normal	m	4,86
Antriebsanlage		Dampfkolbenmaschinen
Wellen		2
Antriebsleistung	PS	6.500
Geschwindigkeit	kn	17.9
Flugzeuge		3
Bewaffnung		6 4,7-cm, 2 3,7-cm-Flak, 2 TR 45,7 cm

Flugzeugmutterschiff ELBA im Jahr 1915.

Rechte Seite oben: Flugzeugmutterschiff EUROPA schräg von der Backbordseite.

Rechte Seite unten: Flugzeugmutterschiff EUROPA, Seitenansicht (nach Bagnasco).

EUROPA

Dieses zweite Flugzeugmutterschiff der italienischen Marine war von seinem Ursprung her ein Frachtdampfer von 4.134 BRT und fuhr seit 1895 unter britischer Flagge zunächst als MANILA und ab 1898 als SALACIA. 1911 ist er nach Deutschland verkauft worden, behielt aber seinen Namen. 1913 wechselte er in italienischen Besitz über und kam als QUARTO in Fahrt. Im Februar 1915 ist er von der italienischen Regierung angekauft und der Marine überstellt worden, die ihn nach entsprechendem Umbau am 6. Oktober 1915 als EUROPA in Dienst stellte. Er diente gleichermaßen als Flugzeugtransporter ("Trasporto Idrovolanti") wie als Uboottender ("Appoggio Sommergibili").

Beim Umbau waren auf dem Vorschiff und auf dem Achterschiff je ein Hangar von 33 m Länge (vorn) resp. 42 m Länge (achtern) in Einfachstbauweise errichtet worden; in beiden konnten maximal acht Flugboote mitgeführt werden. Zum Aus- und Wiedereinsetzen der Flugboote hatte man aus den Hangars herausschwenkbare Traversen zur Verfügung, an denen Laufkatzen liefen. An Bord befanden sich u.a. eine Flugzeug-Reparaturwerkstatt, 50 t Flugbetriebsstoff, 122 t Schmieröl und - für die Versorgung von Ubooten - 585 t Motorentreiböl. Die EUROPA wurde vornehmlich als Hafenlieger verwendet (sie lag von Oktober 1914 bis Januar 1916 in Brindisi und danach bis November 1918 in Valona). Im September 1920 erfolgte ihre Streichung und wenig später der Abbruch.

Deplacement (normal)	ts	4.740
Länge ü.a.	m	123,18
Breite max.	m	14,07
Tiefgang max.	m	7,62
Antriebsanlage		Dampfkolbenmaschine
Wellen		1
Antriebsleistung	PS	3.000
Geschwindigkeit	kn	12,0
Flugzeuge		8
Bewaffnung		2 7,6-cm-Flak

GIUSEPPE MIRAGLIA

Die in Italien weiterhin erfolgreich und erfolgversprechend verlaufene Entwicklung des Marineflugwesens bewog in den frühen 20er Jahren zum Ankauf des im März 1921 in Genua auf Kiel gelegten und am 20. Dezember 1923 zu Wasser gekommenen, noch unfertigen Fahrgastdampfer CITTA DI MESSINA. Mit dem Umbau zum Flugzeugmutterschiff GIUSEPPE MIRAGLIA wurde die Staatswerft La Spezia beauftragt; dort begannen die Arbeiten bald nach Beginn des Jahres 1924. 1925, während der letzten Ausrüstungsarbeiten, kenterte die GIUSEPPE MIRAGLIA im Bauhafen von La Spezia infolge einer Havarie; dadurch verzögerte sich die Fertigstellung um geraume Zeit. Erst am 1. November 1927 konnte die Indienststellung vorgenommen werden.

Die beiden räumlich ziemlich großzügig bemessenen Hangars (je einer vor und hinter dem Zentralaufbau) waren auf das Hauptdeck aufgesetzt und so gestaltet, daß sie bündig mit dem dadurch recht hochbordig gewordenen Schiffskörper abschlossen. In ihnen konnten 17 Wasserflugzeuge/Flugboote untergebracht werden. Diese brauchten nicht zum Wasserstart ausgesetzt werden, sondern wurden mit Schleuderhilfe in die Luft gebracht. Dafür standen zwei druckluftbetriebene Katapulte von verschiedener Länge (vordere ca. 18 m, fest eingebaut, achteres ca. 24 m, nach beiden Seiten um je 35 Grad schwenkbar) zur Verfügung. Für das Verbringen aus dem Hangar auf das Oberdeck zwecks Katapultstart gab es je zwei Laderaumluken von jeweils etwa 13 x 7 m äußeren Abmessungen, hierfür standen übliche Ladebäume bereit. Das Einbringen der auf dem Wasser gelandeten Maschinen geschah seitwärts. Hierfür gab es an jeder Seite zwei Öffnungen in der Hangarwand (=Außenhaut), die durch Klappwände zu schließen waren. Hilfe leisteten dabei traversale Kranbahnen, die nach querab geschwenkt werden mußten. Etwa 1935 wurde am Heck ein Hein'sches Landesegel-System installiert (im Krieg mußte es wieder abgebaut werden, weil es erstens wenig praktischen Nutzen abwarf und zweitens den für zusätzliche FlaWaffen benötigten Platz freimachte).

1938 wurde die GIUSEPPE MIRAGLIA durch den Anbau von seitlichen Torpedoschutzwulsten aufgewertet; dadurch nahm sie ebenso in der Breite zu (um 2 m) wie sie an Geschwindigkeit verlor (nur noch 19 statt 21 kn).

Im Krieg war das Schiff zum Flugzeugtransporter klassifiziert worden; dennoch ist es primär zur Schulung von Piloten verwendet worden. Dabei wurden zuletzt keine Wasserflugzeuge, bzw. Flugboote mehr verwendet, sondern Jagdflugzeuge mit Räderfahrwerk; diese mußten dann versuchen, auf einem Festland-Flugplatz zu landen. Am 15. Juli 1950 folgte die Streichung.

Deplacement (normal)	ts	5.400
Länge ü.a.	m	121,22
Breite max.	m	14,99
Tiefgang (normal)	m	5,82
Antriebsanlage		Dampfturbine
Wellen		1
Antriebsleistung	PS	16.700
Geschwindigkeit	kn	21
Flugzeuge		17 - 20
Bewaffnung		4 10,2-cm-Flak

Flugzeugmutterschiff GIUSEPPE MIRAGLIA. Gut erkennbar ist das über dem Heck aufgerollte Hein'sche Landesegel.

GIUSEPPE MIRAGLIA, Seitenansicht und obere Ansicht; Ausrüstungsstand 1942 (nach Bagnasco).

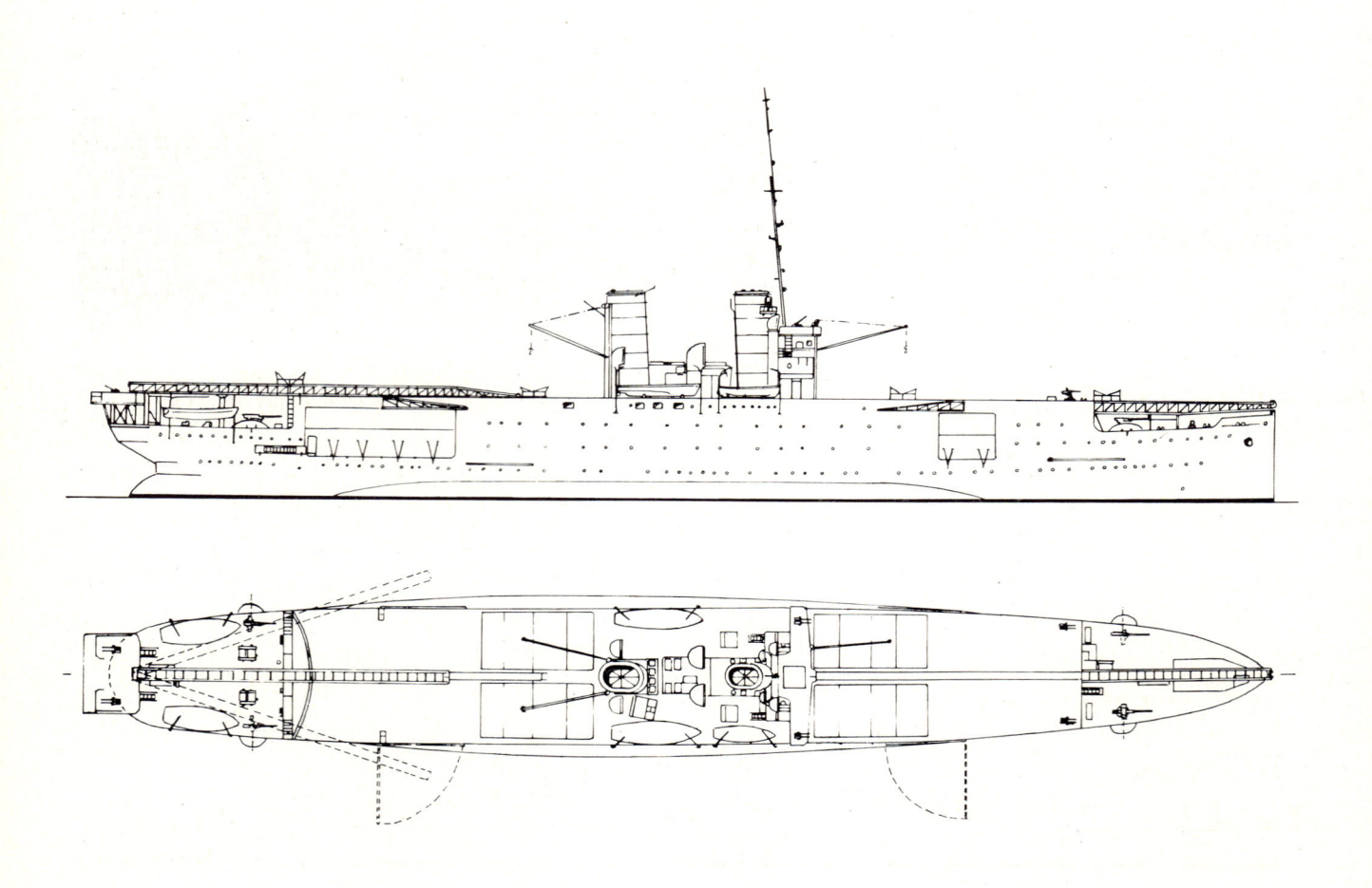

RUSSLAND

ORLITSA

Die gleich zu Beginn des Ersten Weltkrieges zuerst in Großbritannien aus schnellen Kanal-Fährschiffen und dann auch in Deutschland aus langsameren Frachtern improvisierten Flugzeugmutterschiffe sowie die von den darauf stationierten Flugzeugen ausgehenden Möglichkeiten gaben auch den Russen den Anstoß, diesem Trend zu folgen. Für ihre Ostseeflotte fanden sie nur ein einziges, dafür halbwegs geeignetes Schiff, den 1903 in England gebauten Frachtdampfer IMPERATRITSA ALEKSANDRA (ex VOLOGDA). Er konnte nach improvisiertem Umbau schon am 2. Februar 1915 unter dem neuen Namen ORLITSA in Dienst gestellt werden. Fünf Wasserflugzeuge ließen sich auf ihm unterbringen: je zwei in einem Hangar an jedem Schiffsende und ein fünftes zerlegt in einem der ursprünglichen Frachträume. Die beiden Hangars waren höchst primitv zusammengebaut und bestanden aus einem überdachten Trägerwerk, dessen Seiten mit Segeltuchplanen dichtgesetzt werden konnten. Dennoch erfüllten sie ihren Zweck, die empfindlichen Fluggeräte vor den Wetterunbilden zu schützen. Auch Werkstätten für Flugzeugreparaturen, Bombenlagerräume und Flugbetriebsmittelvorräte waren vorhanden. Bis 1917 konnte die ORLITSA im Rigaischen Meerbusen eine gewisse kriegerische Rolle spielen, danach verlor sie schnell an Bedeutung. Ab 1925 fuhr sie wieder als regulärer Frachter, jetzt unter dem Namen SOVIET, danach verlor sich ihre Spur.

Deplacement (normal)	t	3.800
Länge ü.a.	m	91,50
Breite max.	m	12,20
Tiefgang max.	m	5,20
Antriebsanlage		Dampfkolbenmaschine
Wellen		1
Antriebsleistung	PS	2.200
Geschwindigkeit	kn	12,0
Flugzeuge		5
Bewaffnung		8 7,5-cm-Flak

Flugzeugmutterschiff ORLITSA. Die segeltuchbespannten Seitenwände der beiden Flugzeughallen heben sich hell vom Schiffsanstrich ab.

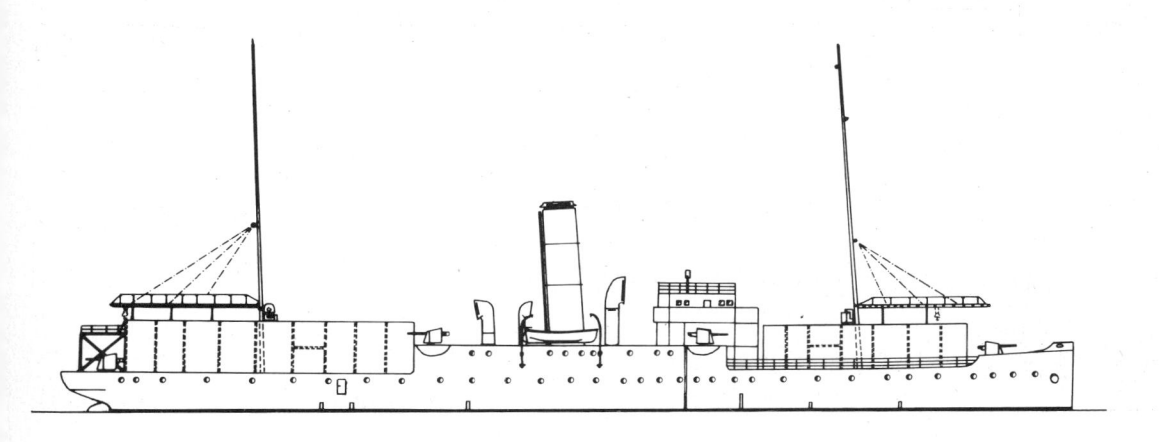

ORLITSA, Seitenansicht.

ALMAZ

Die ALMAZ war von "Geburt" an ein "Hybridenschiff" - halb Kreuzer, halb Yacht - und 1902-04 auf der Baltischen Werft in St. Petersburg gebaut worden. Sie nahm 1905 an der Schlacht bei Tsushima teil und wurde nach Ende dieses Krieges zurück nach Europa beordert, wo sie dann der Schwarzmeerflotte zugeteilt wurde. Anfang 1915 hat man sie zum Flugzeugmutterschiff hergerichtet, als solches nahm sie dann an den Operationen gegen die türkischen Meerengen und danach an anderen Unternehmungen teil. Nach der Oktoberrevolution benutzten die Bolschewisten die ALMAZ als schwimmendes Hauptquartier; danach wurde sie von französischen Interventionsstreitkräften sichergestellt und den gegenrevolutionären Streitkräften übergeben. Zusammen mit den Einheiten des sog. Wrangel-Geschwaders verließ sie im Dezember 1920 das Schwarze Meer und lief nach Bizerta in die Internierung. Dort ist sie 1934 abgebrochen worden.

Die Herrichtung zum Flugzeugmutterschiff hatte sich lediglich darauf beschränkt, für zwei bis drei Wasserflugzeuge Abstellplätze an Oberdeck zu schaffen. Hangars gab es ebensowenig wie Werkstätten zur Vornahme von Reparaturen an den Flugzeugen. Ladegeschirre besorgten das Aus- und Wiedereinsetzen an Bord.

Vermessung	BRT	3.285
Länge ü.a.	m	111,50
Breite max.	m	13,30
Tiefgang max.	m	5,20
Antriebsanlage		Dampfkolbenmaschinen
Wellen		2
Antriebsleistung	PS	7.500
Geschwindigkeit	kn	18,0
Flugzeuge		2 - 3
Bewaffnung		7 12-cm, 4 7,5-cm-Flak

IMPERATOR ALEKSANDR I., IMPERATOR NIKOLAY I.I

Im Schwarzmeerbereich konnten die Russen auf mehrere Schiffe zurückgreifen, die als Flugzeugmutterschiffe geeignet erschienen. Zwei davon waren die kurz vor Kriegsausbruch in England gebauten Fahrgastdampfer IMPERATOR ALEKSANDR III. (nach Übernahme in die Marine in IMPERATOR ALEKSANDR I. umbenannt) und NIKOLAY I. Auf beiden Schiffen beschränkten sich die Umbauarbeiten auf die Schaffung von Abstellflächen und Vorratsräumen. Hangars und Werkstätten gab es indessen auch auf ihnen nicht.

Die Handhabung der Flugzeuge (auf beiden waren Grigorovich-Flugboote eingeschifft) erfolgte mit den vorhandenen Ladebäumen. Die Flugzeugabstellplätze befanden sich in der hinteren Schiffshälfte. Die im Russischen als "Gidro-Kreyser" (="Hydrokreuzer", sinngemäß Flugzeugkreuzer) bezeichneten Schiffe waren mit 15 kn schnell genug, um einigermaßen mit der Flotte mithalten zu können.

So geschah es bei mehreren 1915 durchgeführten Operationen der Schwarzmeerflotte gegen die türkische Küste und 1915 und 1916 gegen die bulgarische Küste. Am 6. Februar 1916 konnte eines ihrer mitgeführten Flugzeuge den türkischen 4.211 BRT-Frachtdampfer IRMINGARD versenken (es war das größte während des Ersten Weltkrieges durch Luftangriff versenkte Schiff). Nach der Oktoberrevolution wurden beide Schiffe in AVIATOR resp. REPUBLIKANETS umbenannt. Im Interventionsfeldzug der westlichen Alliierten gegen die Bolschewisten übernahm Frankreich beide Schiffe, eine Privatreederei brachte sie unter dem Namen PIERRE LOTI resp. LAMARTINE in Fahrt; im Zweiten Weltkrieg gingen beide verloren.

Vermessung	BRT	9.230 - 9.240
Länge ü.a.	m	117,00
Breite max.	m	15,40
Tiefgang normal	m	6,20
Antriebsanlage		Dampfkolbenmaschinen
Wellen		2
Antriebsleistung	PS	5.100
Geschwindigkeit	kn	13,5 resp. 15,0
Flugzeuge		6 - 8
Bewaffnung		6 12-cm, 6 7,5-cm-Flak

Flugzeugmutterschiff IMPERATOR NIKOLAY I. Im Gegensatz zur ORLITSA erhielt dieses Schiff keine Flugzeugschuppen.

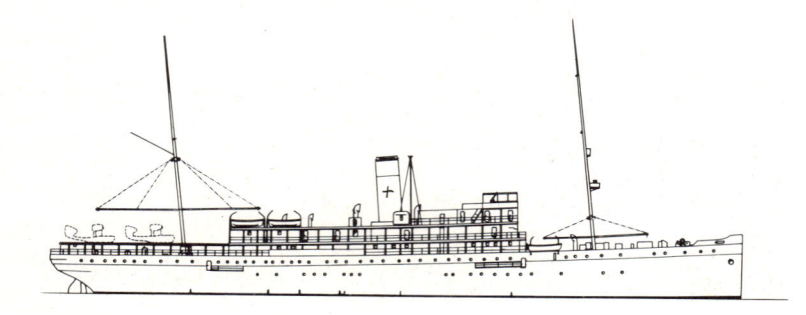

IMPERATOR NIKOLAY I:, Seitenansicht.

RUMYNIYA

Nach dem im August 1915 erfolgten Eintritt Rumäniens in den Krieg an der Seite Rußlands, konnte noch ein weiteres Schiff nutzbar gemacht werden. Es war dies der rumänische Fahrgastdampfer RUMANIA, der 1904 bei Chantiers de la Loire in St. Nazaire gebaut worden war und jetzt Rußland leihweise überlassen wurde und dort den Namen RUMYNIYA erhielt. Der Umbau zum Flugzeugtransportschiff ("Gidrovio-transport") brachte kaum äußerliche Veränderungen; auch hier beschränkten sich die Arbeiten auf die Schaffung von Abstellplätzen für die an Bord zu nehmenden Flugzeuge, die sämtlich in der achteren Schiffshälfte angelegt wurden.

Operativ ist dieses Schiff nur gelegentlich und ohne größeres Hervortreten eingesetzt worden. Am 19. Februar 1918 wurde es in RESPUBLIKA RUMYNIYA umbenannt. 1918 geriet es erst in deutsche Hand, danach wurde es von französischen Interventionskräften übernommen und Rumänien zurückgegeben.

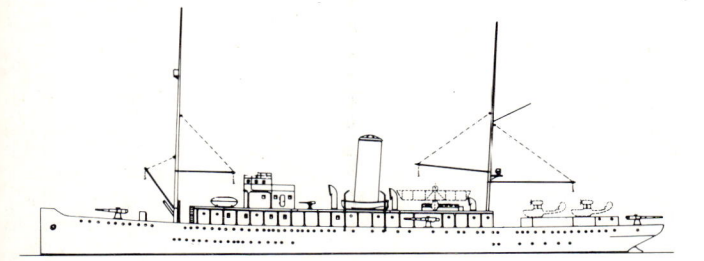

Vermessung	BRT	3.152
Länge ü.a.	m	106,20
Breite max.	m	12,30
Tiefgang max.	m	4,70
Antriebsanlage		Kolbendampfmaschinen
Wellen		2
Antriebsleistung	PS	7.200
Geschwindigkeit	kn	18,5
Flugzeuge		3
Bewaffnung		4 15,2-cm, 2 7,5-cm-Flak

Flugzeugmutterschiff RUMINIYA, Seitenansicht.

SCHWEDEN

DRISTIGHETEN

1927-30 bauten die Schweden eines ihrer alten Küstenpanzerschiffe, die DRISTIGHETEN, zum Flugzeugtender um. Gebaut worden war dieses von 1898 bis 1901 von der Lindholm Verkstad in Göteborg. Seine schwere und mittlere Artillerie (2 21 cm in Einzeltürmen und 6 15,2 cm in Kasematten) sowie der Großmast wurden ausgebaut und das Aufbaudeck nach voraus um 8 m und achteraus um 30 m verlängert. Auf letzterem konnten drei Wasserflugzeuge abgestellt werden; ganz achtern hatte man einen Drehkran aufgestellt, der das Aus- und Einsetzen der Flugzeuge handhabte. Der Umbau wurde dergestalt durchgeführt, daß aus der DRISTIGHETEN ein Mehrzweckschiff wurde: Außer als Flugzeugmutterschiff hatten sich noch Einrichtungen als Werkstattschiff erhalten, und außerdem konnte im Bedarfsfall eine Minenzuladung untergebracht werden, woraus sich die Rolle eines Minenlegers ergab. Ihre Streichung erfolgte am 13. Juni 1947, am 19. Januar 1961 ist sie dann zum Abbruch verkauft worden.

Deplacement (normal)	ts	3.270
Länge ü.a.	m	86,17
Breite max.	m	14,77
Tiefgang max.	m	4,88
Antriebsanlage		Dampfkolbenmaschinen
Wellen		2
Antriebsleistung	PS	5.000
Geschwindigkeit	kn	16,0
Flugzeuge		3
Bewaffnung		4 7,5-cm, 2 2,5-cm-Flak, Minen

Flugzeugmutterschiff DRISTIGHETEN, ein früheres Küstenpanzerschiff. Auf dem Achterdeck sind zwei Schwimmerflugzeuge abgestellt.

GOTLAND

Die ersten auf das Jahr 1926 zurückgehenden Entwürfe der GOTLAND sahen einen kleinen, nur 4.500 ts verdrängenden Flugzeugträger mit Hangarkapazität für 12 Flugzeuge mit Räderfahrwerk vor; diese sollten mit Hilfe zweier Katapulte in die Luft gebracht werden. Eine Landung auf dem Schiff war jedoch ausgeschlossen, nach durchgeführter Mission hätten die Flugzeuge auf dem nächstgelegenen Festlandflugplatz landen müssen. 1927 hat man dieses Konzept jedoch geändert, weil es zu viele Unsicherheiten in sich barg. Man entschied sich daher, einen 4.800 ts-Flugzeugkreuzer ("Flygplankryssere") mit 6 15,2 cm-Geschützen in Zwillingstürmen zu bauen und auf ihm zwei Katapulte für 12 Wasserflugzeuge zu installieren. Um Kosten einzusparen mußten dann die Pläne noch einmal geändert werden: Der Schiffskörper wurde kürzer mit der Folge, daß nur noch Kapazität für 6 Wasserflugzeuge gegeben war und zwei der vorgesehenen 15,2 cm-Geschütze nicht in einem Zwillingsturm untergebracht werden konnten, sondern nur in seitlich angelegten Kasematten. Zudem durfte aus Stabilitätsgründen nur noch ein Katapult vorhanden sein. Der Bauauftrag konnte daher erst mit einiger Verzögerung erteilt werden. Ihn bekam die Götaverken & Lindholmen A.B. in Göteborg. Zur Kiellegung kam es im Dezember 1927, der Stapellauf folgte erst nahezu 4 Jahre danach (am 14. September 1933). Als im Dezember 1934 die Indienststellung vorgenommen werden konnte, waren seit der Kiellegung genau 7 Jahre vergangen.

Die Bordfliegerkomponente beeinflußte den Entwurf weitgehend: In der vorderen Schiffshälfte war die GOTLAND ein Leichter Kreuzer, in der hinteren ein Flugzeugmutterschiff. An den Flugzeugen mußten erst die Tragflächen abgenommen werden, wenn sie auf ihren Transportkarren auf den seitlichen Gleisspuren abgestellt werden sollten. Das hinter dem achteren 15,2 cm-Turm installierte Zentralkatapult war um 360 Grad schwenkbar und ließ sich an das jeweilige Gleis ankuppeln, von dem ein Flugzeug zum Start aufgerufen war.

Weitere Gleise liefen an den beiden Seiten der hinteren Aufbauten nach vorn, auch auf ihnen ließen sich Flugzeuge abstellen. Insgesamt konnten so bis zu elf Maschinen an Bord genommen werden. Das Katapult hatte eine Schleuderlänge von 14/22 m und war eine Entwicklung der deutschen Heinkel-Flugzeugwerke in Rostock; gebaut hatten es die Deutschen Werke in Kiel. Das Wiederanbordkommen der Flugzeuge erfolgte mit einem Drehkran am Heck. Zeitweilig befand sich dort auch ein Hein´sches Landesegel.

Die GOTLAND war - obwohl sie offiziell als "Flugzeugkreuzer" bezeichnet wurde - in Wirklichkeit ein Leichter Kreuzer mit einer für ihre Größe verhältnismäßig starken Artilleriebewaffnung und einer überbetonten Bordflieger-Komponente. Hauptwaffe war und blieb ihre Artillerie. Diese und der Defensivschutz des Kreuzers (Panzerung) ließen deutlich werden, daß er durchaus für das Artillerieduell konzipiert war. Wäre es zu einem solchen gekommen (zum Glück ist ihm das erspart geblieben!), dann würde die Verwendung der Bordflugzeuge praktisch bei Beginn zu Ende gewesen sein.

Diese Einsicht hatte man in Schweden bald nach dem Ausbruch des Zweiten Weltkrieges gewonnen. Aus diesen und anderen Gründen ist dann beschlossen worden, die GOTLAND zu einem Flak-Kreuzer umzubauen. Das ist 1943/44 geschehen. Die Streichung erfolgte am 13. Juli 1960, der Verkauf zum Abbruch am 4. Januar 1962.

Deplacement (Standard)	ts	4.700
Länge ü.a.	m	134,80
Breite max.	m	15,40
Tiefgang max.	m	5,50
Antriebsanlage		Dampfturbinen mit Rädergetriebe
Wellen		2
Antriebsleistung	PS	33.000
Geschwindigkeit	kn	28,0
Flugzeuge		6
Bewaffnung		6 15,2-cm, 4 7,5-cm-Flak, 6 TR 53,3 cm, 80 - 100 Minen
Panzerung Seite	mm	51
Horizontal	mm	51
15,2 cm-Türme	mm	51
KdoTurm	mm	51

Flugzeugkreuzer GOTLAND im Nord-Ostseekanal. Katapult und Flugzeugdeck sind gut erkennbar.

SPANIEN

DEDALO

Dieses einzige spanische Flugzeugmutterschiff entstand durch Umbau des 1901 in Großbritannien gebauten deutschen 5.650 BRT-Frachtdampfers NEUENFELS, der im August 1914 in spanischen Gewässern vom Krieg überrascht und dort interniert worden war. Nach Kriegsende ist er in spanischen Besitz übergegangen (Wiedergutmachungsleistung für den durch deutsche Uboote versenkten spanischen Schiffsraum). Die spanische Marine übernahm im September 1921 das Schiff, um es zum Ballon- und Flugzeugmutterschiff herrichten zu lassen. Mit den Umbauarbeiten wurde im Dezember 1921 in Barcelona begonnen, abgeschlossen worden sind sie im Mai 1922; es folgte dann die Indienststellung unter dem neuen Namen DEDALO.

Ganz vorn erhielt sie einen Ankermast, an dem außer Ballons auch die 1922 in Italien erworbenen halbstarren Luftschiffe SCA.1 und SCA.2 (Länge 42,7 m, Gasvolumen 53.000 Kubikfuß) festmachen konnten. Achtern befand sich ein 60 m langes Abstelldeck für die mitzuführenden Flugzeuge (deren Vonbordgabe und Wiedereinsetzen mittels Ladebäumen erfolgte). Insgesamt sollen bis zu 25 Flugzeuge Aufnahme gefunden haben, doch scheint dieses nicht die Regel gewesen zu sein. Die DEDALO nahm 1925 an der Zerschlagung des Ryfkabylen-Aufstandes teil, primär ist sie aber als Versuchs-, und Ausbildungsschiff verwendet worden. Kurz vor dem Ausbruch des Bürgerkrieges in Spanien wurde ihr Abbruch verfügt, nachdem sie in einem schweren Sturm beträchtliche Schäden erlitten hatte und einige ihrer Flugzeuge über Bord gespült worden waren. Das Schiff befand sich zunächst in den Händen der republikanischen ("Roten") Streitkräfte und wurde durch Flugzeuge der Nationalisten ("Weiße") beschädigt. Am 1. März 1940 ist die Streichung verfügt worden, der Abbruch erfolgte in Valencia.

Deplacement (Standard)	ts	10.800
Länge ü.a.	m	128,02
Breite max.	m	16,76
Tiefgang max.	m	6,25
Antriebsanlage		Dampfkolbenmaschine
Wellen		1
Antriebsleistung	PS	3.000
Geschwindigkeit	kn	12,5
Flugzeuge		bis 25
Bewaffnung		2 10,5-cm, 2 5,7-cm-Flak

Flugzeugmutterschiff DEDALO mit drei Flugbooten auf dem Achterdeck.

ZUSAMMENFASSUNG

Das Flugzeugmutterschiff war jener Schiffstyp, von dem aus die Bordfliegerei ihren Lauf nahm und zum Flugzeugträger führte. Aber schon in den frühen 20er Jahren - eigentlich schon am Ausgang des Ersten Weltkrieges - fanden die Verwendungsmöglichkeiten dieses Schiffstyps (der nur Wasserflugzeuge und Flugboote zum Einsatz verbringen vermochte) ihre Grenzen. Nur dort, wohin die land- und trägergestützten Radflugzeuge nicht oder nur schwerlich hinzukommen vermochten, warfen Wasserflugzeuge bzw. Flugboote noch einigen Nutzen ab, vor allem bei Überwachungs- und Aufklärungsmissionen. Die letzten Flugzeugmutterschiffe wurden während des Zweiten Weltkrieges in Dienst gestellt, danach ist keines mehr gebaut worden. Daran wird der Wandel deutlich, den die Marinefliegerei durchgemacht hat: Wasserflugzeuge und Flugboote stützen sich heute ohne Ausnahme auf Festlandbasen, Kampfaufgaben haben sie allenfalls noch im Aufspüren und Bekämpfen von Ubooten.

Im Hubschrauber und in den für Senkrecht- und Kurzstreckenstart befähigten (V/TOL-) Flugzeugen sind ihnen "Konkurrenten" erwachsen, die auf die Entwicklung der Kriegsschifftypen enorm Einfluß ausgeübt haben und heute fast überall zum Standard auf Kampfschiffen und manchen Hilfs- und Spezialschiffstypen gehören. Ihre Einsatzvoraussetzungen sind weniger problemhaft und risikobehaftet als das bei den auf Flugzeugmutterschiffen verwendetes Flugmaterial die Regel war. Daß damit das Flugzeugmutterschiff überflüssig geworden ist und längst der Vergangenheit angehört, ist nur allzu verständlich. In allen Zeiten konnte es nie die Wertstellung eines Hauptkampfschiffes haben, sondern blieb immer, was es wirklich war - ein Hilfsschiff. Das gilt in noch größerem Maß für den Typ des Flugzeugtenders.

Der Flugzeugkreuzer, wie ihn die schwedische GOTLAND verkörpern mochte, hat sich als solcher nicht durchsetzen können. Tangiert wurde dieser Typ aber von etlichen Kreuzertypen, die über eine besonders starke Bordfliegerkomponente verfügten. Zu nennen sind dafür einige japanische Kreuzer, und zwar die 1935-39 gebaute TONE-Klasse mit je 5 Wasserflugzeugen sowie die 1942-43 umgebaute, nur wenig ältere MOGAMI mit sogar bis zu 11 Flugzeugen. In diese Kategorie einzubeziehen sind auch die ebenfalls japanischen Schlachtschiffe der ISE-Klasse, die 1943-44 zu wahren "Hermaphroditen" umgebaut worden waren. Sie gehören zu jenen "Raritäten" im Kriegsschiffbau, für die eigens ein "Marine-Arsenal"-Band in Aussicht genommen ist.

Einzig dem seinerzeit mißlungenen Flugdeckkreuzer war eine Renaissance vergönnt. Dies war möglich geworden durch die Entwicklung der Hubschrauber und V/STOL-Flugzeuge einerseits und die Fortschritte in der Entwicklung von Lenkwaffensystemen. Beispielhaft, aber in kaum einer Weise vergleichbar sind dafür die russischen Einheiten der KIEV- und ADMIRAL KUZNETSOV-Klasse.

INTERNATIONALE FLOTTENNACHRICHTEN UND MARINERUNDBLICK

BUNDESREPUBLIK DEUTSCHLAND

Fregatte BRANDENBURG in der Erprobung

Seit Ende 1993 absolviert die BRANDENBURG, Baunummer 1 einer Fregatten-Viererserie der sog. „Klasse 123", ihre Erprobungen. Die Indienststellung soll im Oktober 1994 erfolgen. Bauwerft ist Blohm & Voß in Hamburg. Im Sommer 1994 werden die beiden nächsten (SCHLESWIG-HOLSTEIN und BAYERN) zu Wasser kommen, sowie bald nach Beginn des Jahres 1995 die Baunummer 4, welche den Namen MECKLENBURG-VORPOMMERN führen wird; sie alle sollen bis Ende 1996 ihren Dienst aufgenommen haben. Die Fregatten der BRANDENBURG-Klasse erreichen eine Einsatzverdrängung von 4.700 ts, sind knapp 139 m lang und 16,7 m breit, und verfügen über eine CODOG-Antriebsanlage mit einer Gesamtleistung von 51.000 PS (37.530 kW); damit erreichen sie maximal 29 kn Geschwindigkeit. Die Bewaffnung besteht aus Artillerie (76,2 mm-Schnellfeuerkanone), FK-Waffensystemen („Exocet"-Schiff/Schiff- und „Sea Sparrow"-Schiff/Luft-FK sowie „RAM"-Nahbereichs-Flugabwehr-Raketen) und UJagdwaffen (324-mm Ujagdtorpeos und zwei „Sea Lynx"-Hubschrauber).

Die BRANDENBURG auf einer ihrer ersten Probefahrten. Foto: Blohm + Voß.

BELGIEN

Erste FK-Fregatte der WIELINGEN-Klasse außer Dienst

Kürzlich wurde die WESTHINDER, Baunummer 4 der in der zweiten Hälfte der 70er Jahre gebauten WIELINGEN-Klasse, außer Dienst gestellt, nachdem sie Mitte 1993 bei einer Grundberührung in norwegischen Gewässern beträchtliche Schäden am Schiffskörper davongetragen hatte. Die anderen drei Einheiten sollen indessen der Marine noch einige Jahre erhalten werden. 1993 war erwogen worden, auf ihnen ein neuzeitliches Fla-Rohrwaffensystem einzurüsten, doch hat man davon wieder Abstand genommen, nachdem es billiger war, das vorhandene „Sea Sparrow"-Schiff/Luft-FK-Waffensystem zu modernisieren, indem man es von der Version 7-M auf die Version 7-P umstellte.

Die bereits weitgehend abgerüstete WESTHINDER am 28. Dezember 1993 in Antwerpen im Schlepp zur Abbruchwerft. Foto: L. van Ginderen Collection.

FINNLAND

Aus Bojentender wurde Führungsfahrzeug

Der seit 1963 im Dienst stehende Bojentender VALVOJA III des finnischen Board of Navigation wurde jetzt in die Marine integriert und zum Führungsfahrzeug umgebaut; sein Name ist jetzt KUSTAAN MIEKKA. Das Fahrzeug hat eine Wasserverdrängung von 340 ts, ist 36 m lang, 9 m breit und geht 3 m tief. Sein Dieselmotor gibt 670 PS Leistung ab und läßt 11 kn Höchstfahrt erreichen. Zur Eigenverteidigung stehen zwei 12,7 mm-Maschinengewehre zur Verfügung, doch sind diese meist nicht auf ihre Lafetten montiert.

Die KUSTAAN MIEKKA in ihrer neuen Rolle als Führungsfahrzeug. Die beiden markanten Antennenmasten lassen erkennen, daß die Nachrichtenübermittlung eine wesentliche Rolle spielt. Foto: L. van Ginderen Collection.

FINNLAND

Erstes „Osa-II"-FK-Schnellboot umgebaut

Die TUIMA, eines der vier in den Jahren 1974-76 von der damaligen Sowjetunion an Finnland gelieferten FK-Schnellboote des „Osa-II"-Typs, ist 1993 zum Minenleger umgebaut worden. Seine vier „SS-N-2B"-FK-Container wurden entfernt und durch Gleisspuren für Minen ersetzt. Erhalten blieben nur die beiden 30 mm-FlaZwillinge AK-230. Um die Querstabilität des Bootes zu wahren, wenn es eine Minenzuladung an Deck hat, mußte auch das Fla-Feuerleitgerät „Drum Til" einschließlich seines Podestes abgebaut werden.

Der nunmehrige Minenleger TUIMA, aufgenommen im April 1994. Foto: L. van Ginderen Collection.

FRANKREICH

Flugzeugträger CHARLES DE GAULLE in seinem Element

Am 7. Mai 1994 kam Frankreichs erster nuklear angetriebener Flugzeugträger CHARLES DE GAULLE zu Wasser. Er soll im Juli 1999 nach insgesamt zehnjähriger Bauzeit seinen Dienst aufnehmen und an die Stelle der CLEMENCEAU treten, die 1996 nach dann 35jähriger Dienstzeit ausgesondert wird. Bei den Feierlichkeiten des Zuwasserbringens (der Träger lief nicht von einer gewöhnlichen Helling vom Stapel, sondern wurde in einem Baudock gebaut und aus diesem ausgeflutet) war Staatspräsident Mitterand anwesend. Dabei wurde angekündigt, daß noch ein zweiter Träger dieses Typs gebaut wird, um auch die FOCH zu ersetzen; er soll im Jahr 2004 seinen Dienst aufnehmen.

Zweites Landungsschiff der FOUDRE-Klasse in Bau gegeben

Zehn Jahre nach Auftragserteilung der FOUDRE ist jetzt ein Schwesterschiff in Bau gegeben worden. Seinen Namen hat man ihm noch nicht zugeteilt. Er soll 1997 zu Wasser kommen und 1999 in Dienst gestellt werden.

Auf der Aufbauten-"Insel" der CHARLES DE GAULLE erhebt sich ein massiger Turmmast; einen Schornstein wird sie nicht erhalten. Foto: D.N.C.

ITALIEN

Fregatte CARABINIERE zum Versuchsschiff umgebaut

Die 1965-68 gebaute Fregatte CARABINIERE (ex CLIMENE) der ALPINO-Klasse ist jetzt zum Versuchsschiff für das französische ASTER-15-Schiff/Luft-FK-Waffensystem umgebaut worden. Fünf ihrer sechs 76,2 mm-Schnellfeuerkanonen OTO-Melara wurden ausgebaut; an die Position der im Vorschiff in überhöhter Anordnung vorhanden gewesenen 76,2 mm-Kanone trat ein 8 Zellen beinhaltendes Unterdeck-Senkrechtstart-Silosystem „Milas", während achtern - am Ende der Aufbauten - ein hoher, breitspuriger Vierbeinbindermast errichtet wurde, der ein EMPAR-"SPY-790"-Radar in Kugelsegmentkuppel aufzunehmen hat. Die CARABINIERE soll die Rolle des 1991 außer Dienst gestellten Versuchsschiffes QUARTO übernehmen und 1996 mit den FK-Testserien beginnen.

Eine Aufnahme der umgebauten CARABINIERE von Januar 1994. Foto: L. van Ginderen Collection.

RUSSLAND

Schiffsgestützte Artillerieraketen in der Entwicklung

Nach einem Bericht von „Jane's Defence Weekly" arbeitet das russische „Atair"-Forschungs- und Entwicklungsbüro gegenwärtig an einem neuen Schiffswaffensystem, das die Bezeichnung „Trezubets" (Trident) führt. Es besteht aus einem Zwillings-Abschußgerät mit integriertem Feuerleitradar. Zur Verwendung kommt ein auf dem I/J-Band arbeitendes phasengesteuertes Planarradar.
Seine Zielgenauigkeit soll so groß sein, daß eine nur 1 qm große Fläche aus 30.000 m Entfernung getroffen wird. Das Abfeuern erfolgt aus Behälterelementen mit je fünf Abschußrohren; an jeder Seite des Radargehäuses wird ein solches Element eingeklinkt, womit die Feuerbereitschaft hergestellt ist. Das Nachladen erfolgt nach Abwerfen des leergeschossenen Elements durch vollautomatische Zuführung eines neuen genau von unten. Die Artillerieraketen haben 220 mm Kaliber und 60 kg Gewicht; davon entfallen 25 kg auf den Gefechtskopf. Das Gesamtgewicht eines solchen Systems (ohne Raketen) soll nicht mehr als 5.000 kg betragen. Von dem Feuerleitradar wird angegeben, daß es gleichzeitig bis zu 16 Ziele erfassen und verfolgen kann. In etwa zwei Jahren will man soweit sein, um mit der Produktion beginnen zu können.

Ein „Trezubets"-Waffensystem in perspektivischer Darstellung. Zeichnung: u/i (russisch).

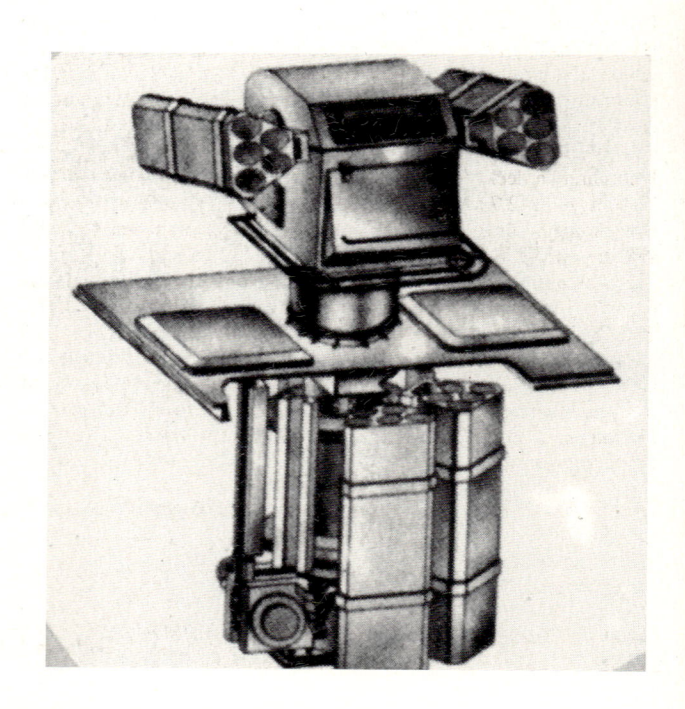

Erstmals an westlicher Marineübung beteiligt

Bei der vom 6. bis 18. Juni 1994 in der Ostsee abgehaltenen internationalen Marineübung „Baltic Operations" waren Marineeinheiten sowohl der NATO als auch der Ostsee-Anrainer beteiligt (USA, Großbritannien, Belgien, Niederlande, Norwegen, Dänemark, Bundesrepublik Deutschland, Polen, Finnland, Schweden, Rußland und Litauen), im ganzen an die 40 Einheiten. Erstmals dabei war auch Rußlands Marine, welche die Fregatte NEUSTRASHIMYY dazu entsandt hatte. Vor Beginn der Übung lag ein Teil der dazu abgestellten Schiffe in Kiel an der Tirpitz-Mole.

Neuentwicklung im Exportangebot

Für den Export angeboten wird neuerdings in Rußland ein als „Projekt Nr. 10 411" angebotener Korvettentyp auf der Basis der „Svetlyak"-Klasse. Seine Bewaffnung setzt sich aus einer 76,2 mm-Kanone AK 762, einer 30 mm Gatling-Flak AK-630 und acht Seezielraketen des Musters „Kh-35" (eine Nachahmung der amerikanischen „Harpoon" und deshalb im russischen Marinejargon scherzweise „Harpunskiy" genannt) zusammen. Auch die FK-Korvetten der „Tarantul-III"-Klasse - diese sind mit dem "SS-N-22"-FK-Waffensystem ausgerüstet - stehen im Angebot. Drei Einheiten - so meldete die britische Verteidigungszeitschrift „Jane's Defence Weekly" in ihrer Ausgabe vom 8. Januar 1994 - sollen sich für einen noch nicht bekanntgewordenen Auftraggeber im Bau befinden.

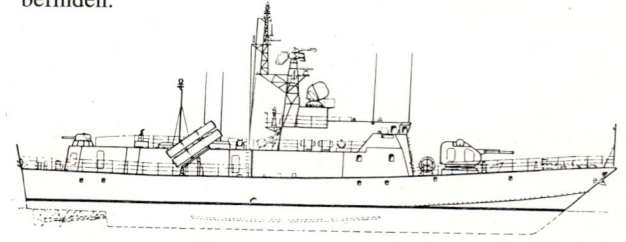

Die angebotene Projekt 10 411-Flugkörperkorvette. Zeichnung: u/i (russisch).

Fregatte NEUSTRASHIMYY festgemacht an der Pier, Blick auf die Klappe der VDS-Anlage. Foto: „Okrety Wojenne".

SÜDAFRIKA
Umbau des Flottenversorgers OUTENIQUA

Der am 8. Juli 1993 in Dienst gestellte Flottenversorger OUTENIQUA - der auf der ukrainischen Kherson-Werft gebaut wurde und am 6. September 1991 als ALEKSANDR SLEDZYUK vom Stapel lief, am 4. April 1992 in JUVENT umbenannt und am 26. Februar 1993 an Südafrika verkauft worden war - wird dort gegenwärtig umgebaut. Das Arbeitsprogramm sieht Änderungen am Hubschrauberdeck und am Hangar, den Einbau einiger leichten Fla-Waffen (zwei 12,7 mm-MG) und die Installierung moderner Transfereinrichtungen für die In-See-Versorgung anderer Einheiten vor. 1995 soll das Schiff seinen Dienst aufnehmen. Es erreicht eine Einsatzverdrängung von über 21.000 ts, hat Einwellen-Dieselantrieb und erreicht 17 kn Geschwindigkeit. Es gehört der russischen VITUS BERING-Klasse an, die als spezielle Polar-Versorger konzipiert und dank ihrer eisverstärkten Bauweise in der Lage ist, bis zu 1 m dickes Eis mit 2 kn Fahrt zu überwinden. Die militärische Zuladung soll aus zwei kleinen Landungsfahrzeugen „Delta-80", zehn Ketten- oder Radfahrzeugen und einem bis zu 600 Mann starken Truppenkontingent bestehen.

Die OUTENIQUA genau von achtern gesehen. Der Blick geht auf das Heck mit der für Eisfahrtschiffe charakteristischen Bugsierrille. Foto: Slg. Breyer.

VOLKSREPUBLIK CHINA
Neuer Zerstörertyp im Zulauf

In der Volksrepublik China wächst ein neuer FK-Zerstörertyp heran, der als "Luhu"-Klasse bzw. Type 052 bekanntgeworden ist. Vier Schiffe sollen vorgesehen sein, die beiden ersten wurden 1988 resp. 1991 begonnen und sind zu Wasser. Von diesen ist jetzt die Baunummer 1, HARIBING, im Erprobungsstadium und soll in diesem Jahr in Dienst gestellt werden. Diese zweite Zerstörer-Generation verkörpert den größten Kampfschiffstyp der chinesischen Marine, der bisher gebaut worden ist. Seine Standardverdrängung wird auf 4.200 ts geschätzt, die äußeren Abmessungen belaufen sich auf ca. 145 m Länge und etwas über 15 m Breite, der Tiefgang ist auf etwa 5 m zu schätzen. Für den Antrieb hat man eine CODOG-Anlage aus westlichen Importen installiert; diese besteht aus zwei (amerikanischen) General Electrics-Gasturbinen LM-2500 mit zusammen 55.000 PS und zwei (deutschen) MTU-Dieselmotoren (Type 12 V 1163 TB83) mit 8.840 PS.

Die Antriebsleistung wird auf zwei Wellen mit Verstellpropellern übertragen, sie soll für 30 kn Höchstfahrt ausreichen. Die Besonderheit der Bewaffnung ist ihre Vielfalt:

- Artillerie: Zwei 100 mm-Geschütze L/56 in Doppellafette (vorn), acht 37 mm-Flak L/63 in Doppellafetten (Seiten)
- Schiff/Schiff-Flugkörper: 8 "Sea skimmer"-befähigte YJ-1 ("Sea Eagle" bzw. C-801) in Zweierbehältergruppen (chinesische Entwicklung)
- Schiff/Luft-Flugkörper: Ein aus Frankreich importiertes Thomson-CSF "Crotale"-System
- Torpedos: 6 italienische 324 mm-UJagd-Torpedorohre "Whitehead 8515" in 2 Dreiersätzen
- UJagdwaffen: 2 FQF-2500-UJagdraketenwerfer (Nachbau des russischen RBU-2500-Systems)
- Hubschrauber: 2 Harbin 29 A (Nachbau der französischen "Dauphine").

Es wird angenommen, daß diese "Luhu"-Klasse allmählich die betagten Einheiten der "Luda"-Klasse ablösen soll.

Seitenprofil der "Luhu"-Klasse. Skizze: Breyer (nach "Janes Fighting Ships 1993-94")

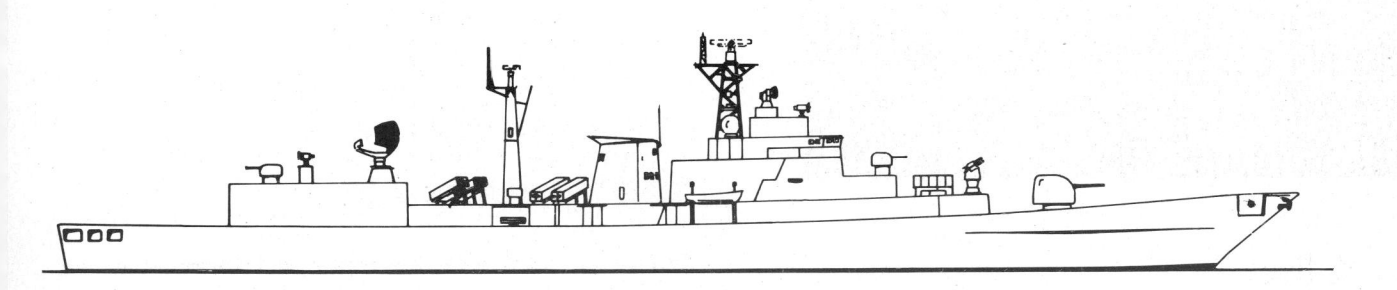

DIE HISTORISCHE SEITE

Hilfskreuzer METEOR: Ein kleines Schiff bewirkt Umschwung im Denken

Unmittelbar nach dem Ausbruch des Ersten Weltkrieges rüstete die Kaiserliche Marine eine Anzahl von Hilfskreuzern aus. Sie bevorzugte dabei große Schnelldampfer, die sie wegen ihrer vergleichsweise hohen Geschwindigkeit als dafür besonders geeignet hielt. Bei ihrem Einsatz zeigte sich dann aber, daß sie für solche Aufgaben gänzlich ungeeignet sind. Der Grund lag in ihrer Größe und auch in ihrer vermeintlich vorteilhaften Schnelligkeit: Der Kohlenverbrauch war enorm hoch und verursachte kaum lösbare Probleme bei der Versorgung. Diese in Friedenszeiten regelmäßig im Liniendienst verkehrenden Schnelldampfer waren zudem weithin bekannt und leicht zu identifizieren; an eine Tarnung hatte man noch nicht gedacht.

Nachdem mit der Internierung der KRONPRINZ WILHELM im Frühjahr 1915 in den USA der letzte Hilfskreuzer dieser Kategorie von den Meeren verschwunden war, schien der Einsatz deutscher Hilfskreuzer abgeschlossen zu sein, denn die Marineleitung rüstete zunächst keine weiteren aus. Eine Denkschrift eines Marine-Reserveoffiziers an die Marineleitung mit dem Vorschlag einer Aktivierung des Handelskrieges durch neu auszurüstende Hilfskreuzer fand zunächst keinen Anklang; hierfür - so der Vorschlag - sollten Handelsschiffe unauffälliger und normaler Bauart eingesetzt werden, die sich leicht tarnen ließen.

Nachdem am 8. August 1915 der als Minenschiff eingesetzte Hilfskreuzer METEOR auf dem Rückmarsch von einem Minenunternehmen an einen britischen Hilfskreuzer geriet und diesen versenken konnte, erinnerte man sich der Denkschrift; die Folge war, daß die Ausrüstung von Frachtschiffen zu Hilfskreuzern beschlossen und eingeleitet wurde. Am erfolgreichsten wurden dann MÖWE, GREIF, SEEADLER und WOLF.

Die METEOR war zwar als Hilfskreuzer in Dienst gestellt worden, doch hat man sie stets als Minenschiff eingesetzt. Bei ihr handelte es sich um den kurz nach der Jahrhundertwende in England bei Ramage & Ferguson in Leith gebauten Frachtdampfer VIENNA der Currie Linie (Leith, Hull & Hamburg S.P.Co.); vom Stapel gelaufen war dieser im Mai 1903.

Bei Kriegsausbruch lag sie im Hamburger Hafen; dort ist sie am 4. August 1914 als Embargoschiff vom Reich beschlagnahmt worden, das sie der Marine zuwies. Diese ließ sie 1915 bei der Kaiserlichen Werft in Wilhelmshaven zum Hilfskreuzer ausrüsten. Am 6. Mai 1915 erfolgte bereits die Indienststellung, jetzt mit dem neuen Namen METEOR. Schon am 29. Mai 1915 lief sie aus Wilhelmshaven zu ihrer ersten Unternehmung aus. Ziel war das Weiße Meer, wo auf den Zufahrtswegen nach Archangelsk Minensperren geworfen werden sollten. Dadurch hoffte man die Schiffahrt (besonders den aus England kommenden Nachschubverkehr) behindern bzw. stören zu können. Die geworfene Sperre sollte sich dann als recht erfolgreich erweisen; ihr fielen drei russische Frachter mit zusammen über 10.000 BRT zum Opfer. Auf dem Rückmarsch führte die METEOR im Kattegatt Handelskrieg nach Prisenordnung. Ein Schiff mit Bannware wurde von ihr versenkt, ein zweites als Prise aufgebracht. Am 17. Juni 1915 lief die METEOR nach ihrer drei Wochen dauernden Unternehmung in Kiel ein.

Am 6. August 1915 lief sie dann zu ihrem zweiten Unternehmen aus. Auch diesmal ging es um Minensperren. Ziel war der Firth of Moray. Erstmalig bei einem solchen Einsatz leisteten dabei Marineluftschiffe und ein Uboot (U 17) Aufklärungshilfe. Das Auslegen der Minensperre in vier Streifen erfolgte, vom Gegner unbemerkt, in der Nacht zum 8. August 1915; wenige Stunden später, als sich die METEOR schon wieder auf dem Rückmarsch befand, kam der britische Hilfskreuzer THE RAMSAY in Sicht. METEOR konnte ihn mit einem Geschoßhagel eindecken, daß er sank. Nachdem sie dessen Überlebende aufgenommen hatte, setzte sie den Rückmarsch fort, dabei stieß sie noch auf einen dänischen Segler mit Bannware an Bord, den sie versenkte. Inzwischen waren die Briten nicht untätig geblieben und hatten die Suche nach dem deutschen Schiff aufgenommen. Als auf diesem in den frühen Morgenstunden des 9. August eine britische Kreuzergruppe in Sicht kam, ließ der Kommandant, Korvettenkapitän Wolfram von Knorr, das Schiff versenken. Seine Besatzung und er stiegen auf einen in der Nähe stehenden dänischen Fischkutter über und ließen sich in List auf Sylt an Land setzen. Die Versenkungsposition der METEOR war 55° 56' Nord / 6° 43' Ost. Personalverlust gab es nicht.

Die METEOR hatte ein Deplacement von 3.640 t und eine Vermessung von 1912 BRT. Ihre Länge betrug 85,34/89,10 m, die Breite 11,34 m und der Tiefgang 5,10 m. Den Antrieb besorgte eine stehend aufgestellte Dreizylinder-dreifachwirkende Expansionsmaschine; ihre Betriebswärme erhielt sie von zwei Zylinderkesseln von 12,6 atü Kesseldruck. Die Maschine gab 2.400 iPS Leistung ab, was für 14 kn Höchstgeschwindigkeit ausreichte. Die Seeausdauer errechnete sich auf 5.000 sm bei 9 kn Geschwindigkeit. Die Bewaffnung bestand zunächst aus zwei 8,8 cm-Kanonen L/40 mit 600 Schuß Munitionsvorrat, zwei 3,7 cm-Kanonen und zwei nach jeweils querab feuernden Torpedorohren mit zwei 45 cm-Torpedos, dazu 374 Minen. Bei ihrer zweiten Operation hatte sie zusätzlich eine 15 cm-Kanone (am Heck).

Hilfskreuzer METEOR.